Luton Sixth Form College

Library

WITHDRAWN

33778

863 MAT

D1584584

00036815

Ana María Matute
Algunos muchachos

Ana María Matute

Algunos muchachos

Ediciones Destino
Colección
Destinolibro
Volumen165

Luton Sixth Form College
Library

33778

© Ana María Matute
© Ediciones Destino, S.L.
Consejo de Ciento, 425. Barcelona-9
Primera edición: julio 1968
Primera edición en Destinolibro: febrero 1982
ISBN: 84-233-1182-1
Depósito Legal: B. 5948-1982
Impreso y encuadernado por
Printer industria gráfica sa   Provenza, 388   Barcelona-25
Sant Vicenç dels Horts   1982
Impreso en España - Printed in Spain

Tímidos, iracundos, silenciosos, cruzan a nuestro lado algunos muchachos. Podríamos conocerlos por un signo, una cifra, o una estrella en la piel.

...la oscuridad de un día transcurrido...

PABLO NERUDA

I

ALGUNOS MUCHACHOS

1

EL Galgo anunció que a las ocho o nueve de la noche se podrían ver nuevas estrellas. Dijo varios nombres, y Juan los apuntó.

El Galgo repartió los cigarillos y fumaron los tres, el Galgo, el Andrés y él, Juan. Estaban apoyados en la tapia de los heliotropos, mirándose a veces, de reojo. El Galgo se reía.

A lo mejor el Galgo no se había reído, pero se le veían los dientes, dientes particulares, no de persona. Juan palpó el cuadernito, en su bolsillo. Mejor dicho, era una agenda, pero del año pasado, no servía. Las agendas de La Abuelita se quedaban siempre vacías, no sabía para qué las compraba, si ya nada tenía que apuntar, ni controlar, ni días, ni compras, ni pérdidas, nada. Tan vieja, perfumada, tan alegre siempre La Abuelita, y ahora su agenda aparecía llena de todas las estrellas del Galgo, mal amigo.

Pero mamá le dejaba tener esos amigos. Al Galgo no le conocían, pero sí al Andrés. Mamá dijo: si hemos de vivir aquí, todo este tiempo, por qué no, el chico no va a estar solo, sin sus amigos del Liceo, y aquí no hay otros muchachos. Pero al Abuelito no le gustaban, y decía: si quieres tener esos amigos, sal de casa, vete con ellos allí, a la tapia de los heliotropos. Qué nombre tan raro le pareció, la primera vez que lo oyó. Los heliotropos. Pero ahora no iba mal el nombre, junto a las estrellas del Galgo. Tampoco era malo estar allí, con ellos. Era bueno. También era bueno haber dejado el Liceo, la ciudad. Mientras duraran los famosos trámites, mamá y él se quedarían allí, con los Abuelitos, y en lugar del Liceo un preceptor, Don Carlos. Ella decía: a fin de cuentas, Juan aún es pequeño, perder un curso no es demasiado grave para él, ya lo recuperará.

Pero los años nadie los puede recuperar, como el color de septiembre, las conjunciones de los astros, o los amigos lejanos, y, ya, misteriosos: como si todos se hubieran quedado sin voz, y andaran en sandalias por dura y compacta arena. Nunca mamá entenderá estas cosas, para qué va a entenderlas, qué falta le hace a nadie. Mejor así, ausente, con sus problemas con papá, mejor que se separen de una vez, y no sé por qué tanta monserga para decirse adiós. Mejor de una vez, cuando alguien quiere estar solo, o lejos, por qué tanta cosa vana, para decirse adiós, cuando la gente no quiere estar junta. Ella no quiere estar con él, él no quiere estar con ella, para qué ponerle tantas conferencias al abogado.

Ahora, ya, eso no importaba. Nunca tuvo nada que ver con ellos, y no era cosa de la edad porque él, Juan, tenía prácticamente rebasados (como decía Don Carlos) sus trece años. Él había crecido por dentro, igual que ciertos árboles, estaba alejado de la mayoría de las cosas: de la Casa de la Ciudad, de la Casa de los Abuelitos, de la Casa de todo el Mundo. Un barco se hundía detrás de su memoria. No tenía nada que ver con sus padres, ni con sus amigos, ni con sus maestros. Era un barco que él pilotó, en un tiempo. Ahora, sin zozobra, lo contemplaba hundirse lentamente. Pero no en el mar, sino en algo seco, acaso fosforescente: como un desierto, al amor de innumerables y extraordinarias estrellas.

La noche era mejor que el día. Nadie estaba a su alrededor, de noche; estaba solo con su barco, el barco agonizante de Juan. O, acaso, él mismo, era un barco hundido, y alguien, un superviviente de niño, recogía despojos en las playas.

Restos de cuerdas, velas, una oxidada brújula.

Juan respiraba lentamente, como cuando se daba cuenta de que todavía dormía, de que no había llegado el momento de levantarse, y aún no sonaba el despertador. Cuando se decía: ahora duermo, duermo, qué gran placer.

—El día veinticinco —decía el Galgo—, Andrómada, Triángulo, Pegaso, Acuario, Capricornio, Fénix, Eridano, Pez Austral...

Juan levantó los párpados, no quería abandonarse a la deriva. Aquí no estaba el mar. Deseaba volver a ver el mar, alguna vez. Se tocó la frente, temblando.

—No tiembles —oyó al Andrés—. Me contagias.

Al otro lado del río, negro y maloliente en aquel tramo, crecían flores de un morado inquietante. Eran casi viscosas, fértiles y destempladamente burlescas. Si pudiera, las segaría todas, pero sospechaba que se reproducirían, igual que pesadillas o deseos, al instante de ser decapitadas. De cada frágil cuello, aún sangrante, mil cabezas brotarían, como carcajadas de niña. Odiaba a las niñas, por aquellos días.

—Bueno, ¿qué ponen más? —preguntó el Andrés al Galgo. Para Andrés, las estrellas ponían cosas, como las gallinas huevos.

Juan cerró los ojos, los párpados abatidos en un remoto, conocido, melancólico naufragio.

2

Para el Andrés, todo era la repetición del primer día. Del primer día que volvió el Galgo.

Hacía rato que no dormía, acaso mucho rato, pero tampoco estaba despierto. Sólo cuando oyó el gemido, sofocado a tiempo, en la garganta de Madre, volvió su conciencia. No movió ni un dedo, continuó tal y como estaba, la espalda pegada al jergón, abiertos los ojos hacia la franja gris y luminosa que, hacía poco, aún tenía el fulgor de la noche. Pero ya el día se vertía como jarabe amarillo, y el cielo se poblaba de gallos blancos que irían deformándose monstruosa, lentamente, hacia el Sur.

La primera frase de Madre, solía ser: que no vayas allí, que no te vea con el Juan, el de la Casa.

La Casa era la de Juan, siempre, no había otra Casa, era la de Juan, con su torre vigía, como decía Don Angelito, y sus oscuras puertas; con los candados verdes de orín en las entradas, y el umbrío y ya salvaje huerto donde antaño enterraban, como abono, niños nacidos de mujer soltera, de los malditos chupasangres, de los hermosos y altivos Señores, seguía diciendo Don Angelito. Y Madre repetía, día tras día: Que no te vea con el Juan, el de la Casa, ese no es amigo para ti, que se vaya con su ralea, ¿qué has de hacer tú con esa gente?

La franja de luz huía por las junturas del techo de papel embreado, latas, cañizo. El día entraba a empujones y el Andrés se sabía clavado a la franja del nuevo día, aunque aún no se le hubieran despertado las manos, ni las piernas. Solamente la cabeza, y el corazón haciendo tap, tap, frío en su carne fría. Y pensó: Madre tiene miedo por alguna cosa que está soñando. Movió una mano bajo la manta, y entró la luz, inesperada, y se detuvo, cuadrada, casi blanca, sobre su vientre.

Bajó los ojos para no ver quién había levantado la estera, y se concentró tercamente en la contemplación minuciosa de una superficie rugosa. Así era de cerca la manta, aunque al cubrirse apenas se pensara otra cosa, sólo que abrigaba, y ni se notaba olor a moho, a sudor antiguo, acaso a aquella medicina que se vertió el año pasado, cuando la fiebre. Pero ya decía Juan que el tiempo no se puede detener, el correr del sol y del mundo acechaban tras las cañas. Volvió la cabeza hacia la derecha, hacia la esterilla que cubría la puerta y alguien había alzado, y sus pensamientos huyeron en bandada, porque sólo pensaba de aquel modo cuando despertaba, y luego 'las horas, el agua que corría, las voces, el mundo, le alineaban entre todos los vivientes y los que no lo eran, entre el agua y las piedras, entre las palabras todas, menos las de Juan. Una pared blanca parecía apartarle, discriminarle, y se le venía la pared de la linde de la finca, de la linde de la tierra de los Señores Ogros, como decía Don Angelito, la pared que llamaban de los heliotropos. Aunque Don Angelito solía decir: no hay heliotropos por aquí, qué barbaridad, no hay un solo heliotropo en toda la zona, qué bestias, qué bestias, no hay heliotropos. Luego, miró, volvió la cabeza, aunque no quería hacerlo, y lo vio, al Galgo, que había vuelto.

Pero el Galgo, ahora, parecía que sólo entendía de estrellas, y él no podía explicar a Juan, al testarudo Juan, porque no podía hablar con el revés de las palabras: no son ésas las estrellas que tú y yo vemos, el Galgo habla de otras, otras como piedras, que ruedan por ahí arriba, muertas, con nombres raros, no son nuestras estrellas. Pero el revés de las palabras era de difícil aprendizaje, sólo Juan podía, sólo Juan, que había estudiado desde muy niño, en el Liceo, cerca del mar.

Y el que había levantado la esterilla, el que llamaba, dulce, quedo, igual que la serpiente, era el Galgo. Había vuelto el Galgo, había vuelto.

3

Cuando le vio, entre las jaras y los arbustos, en cuclillas, la cara roja de fatiga, el pelo en los ojos y sudando, el vello empapado en las comisuras de la boca, algo poderoso le advertía, quedo y punzante: no es un muchacho.

Porque, aún sin decírselo, ellos, cuando pensaban el uno en el otro, sabían que retrocedían hasta alguna playa común, aunque ya no quedara ni un grano de arena, aunque solo fuese el viento, fingiendo o recordando niños, huellas de pies todavía desnudos en la húmeda orilla.

El Galgo no fue nunca muchacho, y aquella imagen del hombre acechante, le perseguía a Juan, todo el día, bajo el sol. Sólo se apaciguaba a la noche, junto a la tapia de los inexistentes heliotropos, en los encuentros que tanto irritaban al Abuelito.

4

La Abuelita se había vuelto aún más menuda que cuando, a los quince años, se casó. La Abuelita tuvo once hijos, pero nadie sabía dónde andaban, sólo estaba allí mamá, que no era ya su hija. Nadie podía pensar que fuera su hija, ni ella misma, cuando la miraba, como si no la recordase. La Abuelita pasaba el día entero como si acabara de levantarse, toda la jornada de la Abuelita era el despertar, en la mañana; su única comida el desayuno, siempre vestida con la sutil bata rosa, de flores malva, el encaje rizado sobre el pecho, como los antiguos amantes del retablo, y el escaso pelo tan bien atusado junto a las mejillas. Las mejillas no tenían carne, sólo eran piel, sutilísima y quebradiza, de color rosa pálido y tacto de papel secante, tan sensible a la tinta. La Abuelita tenía una tarea continua y matinal: regaba los tiestos de la terracita-balcón, donde había plantado verdes matas de perejil; y lo cultivaba con atención y amor, en vez de bajar al huerto, o al jardín ya devorado por las ortigas. Olía siempre a Je Reviens y un poco a naftalina, y decía: no sé qué tontería es esa de la pared de los heliotropos, no hubo nunca heliotropos en esta finca, si acaso la llamaría así porque allí se reunía él con sus mujeres, allí tenía sus citas. Juan escuchaba absorto, y preguntó: y tú, Abuelita, ¿cómo lo sabías? Entonces Abuelita ponía ojos de niña golosa, de niña con medias negras, tirabuzones y dientes menudos como chispitas entre encías color rosa muerto, y ponía voz de esas cosas que las niñas no hablan, aunque las sepan, decía, echando la cabeza atrás, como en busca de alguna risa de horrorosa niña, decía, sin encontrarla: me lo contaba la Doncella Filomena, yo la mandaba a espiar, y cuánto nos reíamos las dos después, mi buena Filomena, siempre conmigo desde niñitas, ella me recogía el abanico cada vez que se me caía al suelo, y luego, cuando iba a espiar al Abuelito, me contaba todo con detalle, qué coloradas nos poníamos las dos, pero yo le decía: mira, Filomena, ponte ahí, detrás del biombito, y habla, así es menos pecado, y qué risas, no podíamos remediarlo, lo tontos que son todos los hombres del mundo.

Juan pensaba en el libro rojo y oro de las páginas arrancadas, porque mamá había dicho: eso es pura pornografía, estando aquí Juan, en una edad tan crítica, al fuego con esas indecencias. Pero el Abuelito se enfureció al verlo, y anduvo buscando las páginas quemadas, entre la ceniza, lloriqueando. Y mamá seguía acusándole: pornografía, pura pornografía, eso es lo que yo he vivido a vuestro lado, en esta casa, así me torcisteis el corazón, así he fracasado en el matrimonio.

Pues si la Abuelita era pornográfica, también lo era Don Angelito, el destituido maestro, que no veía mucho mal en lo de la pared de los heliotropos, y tampoco en las encomiendas y correveidiles de la Doncella Filomena. Ya, pensaba Juan, sólo se salvaba la Doncella Filomena, porque estaba muerta, enterrada, abrumada por el peso de innumerables fantasmas de rosas, aquellas que le llevaban a la tumba, cuando aún no la habían olvidado.

Y Don Angelito estaba lleno de odio desde que Don Carlos vino a sustituirle, porque mamá dijo que era un viejo ignorante y malvado, y desde entonces, desde que le echaron y ya no daba más clases en la Casa, Don Angelito espiaba a Don Carlos en el recodo del pasaje, y salía como al desgaire, tropezaba y dejaba caer un montón de libros, Voltaire, Rousseau, que hacían doblarse de risa a Don Carlos, mientras le ayudaba a recogerlos, murmurando: bazofia, bazofia. Porque sabía que Don Angelito quería cegarle, humillarle, con su amarillenta sabiduría, donde yacían, laminadas, mariposas y campanillas del sendero. Ya superado, ya caducado, decía Don Carlos riéndose, mirándole ferozmente tras sus lentillas de contacto (no por presunción, sólo que es mucho más práctico, más útil, y las gafas ordinarias no permiten mirar de reojo). Don Carlos se iba, era invulnerable, cumplía puntualmente su cometido. A las ocho menos cuarto llegaba, con el pelo aún mojado, a la sala demasiado larga, donde el sofá, las sillas negras, la mesa, se perdían como en un túnel, absolutamente desolados. Afortunadamente, Don Carlos no hablaba de estrellas, explicaba Matemáticas, para que él las recuperase el próximo curso (éste ya se ha perdido, por culpa de Don Angelito) y Don Carlos levantaba las cejas, y sus cejas eran como dos látigos, que flagelaban sutilmente el rostro ya desalentado y gratuitamente infantil del pobre Don Angelito, su teñido bigote de falso comandante, sus párpados sin pestañas. Pobre Don Angelito, recibía los latigazos del desprecio como un viejo galeote, amarrado, inane. Obligado, cruelmente obligado a remar aún, cuando, verdaderamente, lo que quería Don Angelito era coquetear, saltar graciosamente sobre las letras, ya medio borradas de tan releídas, sobre desecados recuerdos, sobre, al fin, el quicio de una ventana que no iba nunca a traspasar. Pájaros que huían hacia el otro lado del mundo picotearían, acaso, mil esferas de vidrio tenue, pompas relucientes que aprisionaban otras mil imágenes de Don Angelito, encerrado, agachado, llorando prisionero, envidioso todavía de aquel que tanta Matemática sabía. Y Juan, pensándolo, viéndolo, se reía, se reía mucho, como cuando era pequeño y en clase de Ciencias Naturales el gorrión se asfixió despacio, dentro de la campana de cristal. Oh, niño cruel, ¿de qué te ríes? ¿De qué te ríes, niño cruel? Pero, ¿no lo han traído a esta clase para eso? ¿Para qué lo han traído aquí, entonces?

La ruina de la Casa es sólo desidia, despego hacia el mundo, decía Don Angelito, sacaron el zumo al mundo, a un enorme limón, y ahora, par de carroñas, vejestorios pecadores, van hollándolo y escupiendo las pepitas.

Entretanto, los candados se cubrían de musgo verde, de rojo orín, la polea del pozo gemía como un animal indefenso, el cielo huía hacia el invierno.

Allí, junto a la pared de los heliotropos, Juan se dio la vuelta y cayó sobre el costado derecho. A veces le gustaba fingirse así, tocado por una bala. Luego, se reía, igual que en clase de Ciencias Naturales. (En Este Colegio Lo Que Más Nos Importa Es La Formación De La Personalidad, etc., etc., etc.)

5

Todo iba bien, hasta que le vio allí, agazapado, al que nunca fue muchacho, un hombre estallando bajo la piel sudorosa y roja, como dispuesto a saltar y devorar.

—Este es.

Andrés lo dijo así, señalándole a él; y los tres respiraban con ansia. Ellos dos, por haber subido corriendo la cuesta, y el otro porque andaba escondido, todavía.

—¿Todavía?

—Sí, luego se presentará a Madre, le dirá que ha venido, pero ahora no, el Galgo siempre anda así.

Y el Galgo decía:

—Las cosas se hacen despacio.

Le oyó por vez primera, y en aquel momento, algo que siempre existió entre el Andrés y él, huyó lentamente ladeándose, como un barco de papel en el canal. Y Juan se dijo: estoy ante un muchacho, otro muchacho, sólo que más crecido, más duro que nosotros. Él suponía, creía estar al corriente de lo que puede ocurrir con seres así. Si te mezclas con gente de esa, te liarán, decía El Abuelito, soplando los cañones de la escopeta, tambaleándose hacia el huerto, para asesinar a los tordos golosos de las ciruelas de septiembre.

El Galgo dijo:

—¿Ése es tu amigo?

Notó la desconfianza, la mirada del Galgo recorriendo sus manos, tan tiernas, sin durezas, sólo arañadas por juegos y aventuras. Y luego, fija en sus pies, falsamente calzados de campesino.

Juan bajó los ojos y a su vez miró los pies del Galgo, sus zapatos negros y puntiagudos, cubiertos de polvo, y notó una piedra en el centro del estómago.

Ya en el bar, el Galgo le dijo al Andrés:

—Un tramposo. Eso es lo que es tu amigo.

—No.

—Ése nos la juega, no me fío un pelo, anda y cómo habla, date cuenta.

—Es que es de La Casa.

—¿Desde cuándo le tratas?

—Desde dos años atrás.

Mentira, hacía un año sólo, mal contado. Juan no estaba antes, antes estaba donde el mar, allá. Pero no iba a decírselo al Galgo, no se fiaría. Así que:

—Para cuando nos vinimos acá nosotros, ya estaba él aquí. Desde entonces, que le conozco.

El Galgo cambió de rumbo, bebió y dijo:

—¿Tú le has visto a Padre, aquí?

Asintió.

—¿Y qué dice?

Se encogió de hombros, y quedó absorto en la copa del Galgo, ya vacía.

—Ha venido a quitarle la paga a Madre, y por eso Madre le tiene miedo —dijo cuando bajaban corriendo la cuesta, desde los riscos al río. Bajaban trotando, sin una parada, disimulando los resbalones para que pareciese a propósito. Aunque el miedo azotaba en la espalda con un junco, como el que traía en la mano el Galgo. Así, con la respiración cortada, el Andrés decía eso, aunque no era hablador de sus cosas.

—¿A tu madre, le va a quitar la paga?

—Eso.

—¿Por qué, la paga?

—Es el mayor. Mi hermano mayor, el Galgo.

—Ah, tu hermano.

Él creía que el Andrés no tenía otros hermanos, sólo el pequeño, el que se quemó en el brasero y ya no le crecía el pelo de la ceja ni de sobre la oreja derecha, el de la calvita arrugada color rosa, y aquel otro más pequeño, maloliendo siempre entre los trapos, echado al sol que se pegaba en los ladrillos de las chabolas. Qué mala noticia, que hubiera otro, además del que iba con ganchos al canal, a ensartar desperdicios de la cocina del Destacamento, además del último, el de los trapos y las piernas al sol, nacido cuando el padre ya estaba allí dentro: y ni le conocía casi, decían, ni se creía que era suyo, tampoco. Otro más, a rondar por las alambradas del Campo, a la espía de los restos de rancho, de los plus, de los días de visita, de los recados del cocinero del Barracón. Pero no, no, el Galgo no era así. Qué mala noticia, qué mala noticia, es su hermano, qué mala noticia, éste no va a contentarse con los desperdicios del canal, a éste no se le puede azuzar, espantar, si molesta, como a los perros. Éste no va a ser así, qué mala noticia. Una tristeza despaciosa, se posó inesperadamente, sin ruido. Como aquella mosca azul, enorme, que vino al lagrimal del mastín Zuro, el día que se puso enfermo, dos horas antes de morirse.

Se detuvieron en el río, junto al cauce más oscuro, donde tanto se estrechaban las orillas. De un buen salto se podía cruzar allí, en según qué puntos. Ahora, se acabaron las confidencias, ya no diría nada más el Andrés. Sólo hablaba así con la carrera, sin mirarse, precipitado, fatigados y pálidos los dos. Ahora, ya parados al borde del agua, no. Y el Andrés se fue derecho al único álamo que allí había, y se apoyó con fuerza contra el tronco, los brazos alrededor. Respiraba hondo y despacio, se recuperaba. No diría nada más.

Lo trajo, al anochecer, a la pared de los heliotropos, cuando él ya estaba desesperado, arrancando hierbas porque sí, lanzando piedras al muro, viéndose la sombra cuando salió una luna
grande, soplando luz hacia su nuca, y hacia donde
no vio nadie, jamás, un heliotropo. La sombra se
burlaba de él. Ahora, en este mes, la luna sale
cuando aún el sol va entreteniéndose en el
agua, en las piedras, perezoso. Trae estos resplandores, y las sombras son extrañas, como transparentes, en la pared. O quizá no es esa la sombra
mía, es que miré muy fijo al sol cuando aún lucía
alto, y ahora me queda un poco de ceguera, y me
parece que está ahí, moviéndose sobre la cal de
la pared, un cuerpo translúcido, ribeteado de oro;
y ni siquiera sé si soy yo, tal como me vi antes
en el río, o en el espejo de la cómoda del Abuelito, cuando fui a robar; o es el espectro de un
árbol; un álamo, o un chopo, algo que huye hacia
arriba.

—Juan, aquí está éste... ¿pasamos?

La voz del Andrés era un susurro, y cualquiera, cualquiera que no fuera él, Juan (Juan el
buen niño al que los gnomos saben de su parte, al
otro lado del muro de las respuestas fáciles y

mentirosas que se dan a los entrometidos, Juan, que estaba de parte de los bondadosos sapos que no hacen daño a nadie, Juan, el buen Juan, el que se puede reír de cualquier cosa que no sea excesivamente festiva), cualquiera que no fuese Juan, no le hubiera oído. Podría confundirlo con el chirrido de los carros en la carretera, o con el súbito aleteo de la riachera negra aguas arriba.

Juan volvió la cabeza, dominando un rugido que se levantaba desde el fondo de sus entrañas, un pozal llenándose bajo la fuente, un viento ennegreciendo el muro, y dijo:

—Bueno.

Por el boquete, agachados, pasaron los dos. Como pasaron en tiempos, allí mismo, exactamente igual, las mujeres del Abuelito.

—¿Hay miedo?

Era la primera vez que le vio la risa al Galgo. La risa que sólo se veía, no se oía. Los dientes, unos dientes especiales, chatos los del centro, largos los colmillos. Era la boca de los Cuadernos de Quiromancia de Don Angelito. La boca del Espejo Maléfico, la entrada del Reino Prohibido. Y se parecía mucho a la puerta de las Atracciones Sergio, en la Feria Perenne de Extramuros. Iba muy a la par, aquella risa, con los zapatos en punta, negros, resbaladizos, duros. La Feria estaba llena de polvo, y los hot-dogs sabían a plástico, y un día perdió el libro de Latín, y tuvo ya que pedir prestados, siempre, los discursos de Cicerón, y sufrió mucho, mucho, para que nadie se enterase. No porque le castigaran, que mamá no creía en castigos, sino porque nadie debía saber nunca, nunca, algo que le concerniese.

Ahora no podía dejar de mirar aquella risa, la imagen de una carcajada que no llegaba a formularse, el espejismo de otra carcajada, muy distante, en la faz de un hombre que nunca fue muchacho. Luego, bajó los ojos y los fijó, obstinado, en los zapatos puntiagudos, llenos de polvo, con largos cortes resecos.

—No tiene miedo —aclaró el Andrés, resentido.

—No quiero que se sepa nada mío —dijo, y procuró suavizar la ronquera.

—Pobrecito niño —dijo el Galgo.

Entonces, Juan lo imaginó degollado, boca abajo, desangrándose despacio, como el enorme y blanco cerdo de Noviembre, casi humano, sensualmente sufriente, esperando ser devorado por todos, en su totalidad, nada desaprovechable, ni el rabo ni las orejas se tiran, ni un desperdicio, hasta los intestinos son utilizados. Juan levantó la cabeza y sonrió. A los pájaros que se asfixian se les debe sonreír, porque para qué lo han traído aquí, para qué, si no.

—No sé si fiarme —dijo el Galgo mirándole desde arriba—. Es muy niño.

—Pero si es mayor que yo, si tiene quince, ya —clamaba, indignada, la voz del Andrés. Y notó en aquella voz una herida, peor que si le hubieran abofeteado. Y acaso, también, un poco de miedo. No era imposible descubrir allí, tal vez entre la hierba, hasta en los hediondos lirios de la orilla, legiones de menudas cabezas mayando de miedo.

Y no era verdad, no tenía quince, pero el Andrés se lo creía, él se lo dijo. Y se lo había dicho porque se vio tan alto, al lado del Andrés, que crecía mal. Le mentía para eso, para no hacérselo notar, que tenían la misma edad y no lo parecía. Era una mentira, como una caricia, no era por nada más, porque no se viera a sí mismo el Andrés y le tocase a Juan sufrir, porque esas cosas arañan.

El Galgo se metió un palillo entre los dientes, y lo paseó de un lado a otro de la boca. Luego, se sentó en el suelo. Las piernas, larguísimas, formaban ángulos agudos, y los codos, apoyados en las rodillas, le convertían en algo hiriente, aristado. Sólo las manos pendían flojas, balanceándose, y, ay, también eran manos sin trabajar, sólo arañadas por juegos y aventuras. Aunque el Galgo tenía las uñas aterradoramente oscuras.

Lo había visto mucho antes, en grabados, en sueños, al hombre agazapado a la puerta de la caverna, o entre juncos, esperando la presa, desnudo, con una lanza. Se le aplacó el temor, y creció un poco el odio, en cambio. Fue a sentarse cerca de él, y el Andrés quedó un poco apartado, echado sobre el lado derecho, el codo contra el suelo. Bruscamente, el Galgo le dio un empujoncito con la punta del zapato, y el codo del Andrés resbaló, y cayó al suelo, cuan largo era, de cara. Empezaron a reírse bajo, casi ahogándose. Sólo él, Juan, no podía reírse, todavía.

No pienso defenderme de nada de lo que me diga el Galgo, me quedaré callado, como si lo oyera decir a otro que no sea yo, como hacía en el Liceo Nausica. Daban resultado estas cosas con los de quinto. Claro que el Galgo no es...

En aquel preciso instante, supo que se habían transformado para siempre los encuentros nocturnos; que se habían deformado, como nubes en el viento, las citas al anochecer, en la pared de los heliotropos. Habría otras fechas, otros encuentros, otras palabras: pero no aquellos, los de antes. Y de nuevo la mosca azul empezó a revolotear, tormentosa y torpe, en torno a un arisco, agazapado corazón de muchacho.

—¿Te la dio, la paga? —osó preguntar, sin que le importase ni deseara oírlo. Los ojos del Galgo brillaron, y dijo, con parpadeo de hombre razonable, distante:

—¡A ver!

Y metió la mano en el bolsillo del estrechísimo pantalón, cubierto de tachuelas de oro. Así que el padre está allí, encerrado, redimiéndose en el Campo, trabajando para que éstos vivan a la orilla del río, en las chabolas; así que el padre de éstos manda la paga para ellos y se la lleva el Galgo. Y el Andrés, estaba conforme, y había dicho, sólo: es mi hermano. Pero no era posible, no se parecían, el Galgo no era el hermano del Andrés (aparte de que el Galgo no era el hermano de nadie, ni el hijo de nadie). Y además, sería de otra mujer, no de la madre del Andrés. Porque la Margarita, la madre del Andrés, apenas si era mayor que el Galgo. Y se acordaba, ahora se acordaba, que la había oído comentar un día, con la mujer de otro preso: ya ve usted, al Andrés lo tuve a los catorce años, así que figúrese usted qué vida la mía. Él lo oyó, escondido entre los juncos, y la estuvo contemplando cómo se iba, con el cesto lleno de ropa; porque les lavaba a los del Destacamento, al Jefe y a los Oficiales, y así se ganaba un jornal. Eso había dicho la Margarita, y qué claras volvían sus palabras en la naciente noche: imagínese qué vida, la mía.

No la imaginaba, su vida. Sólo la podía imaginar descalza, guapa y sucia, delgada, lavando ropa. Nada más. ¿Qué otra vida podía haber? Era imposible imaginar esas cosas, la vida de la Margarita, y la de todas las gentes, es algo misterioso y desaparecido. La vida de la gente es lo que se está viendo de ellos; la ropa sucia, el pelo negro brillante, en greñas, la imagen temblando en el río, de la Margarita. Y la vida de la Abuelita, era la Abuelita regando matas de perejil y comentando: las rosas me dan asco, tienen cara de mala mujer, en cambio el perejil es fresco, joven, y de un color espléndido. Así era de imaginable la vida de la Abuelita. Y la vida de mamá, tan dorada y soberbia, era los cigarrillos apresurados entre la correspondencia, convertidos en barritas fragilísimas de ceniza, olvidadas al borde de las mesas; sus llamadas telefónicas y persistentes al abogado. Y la vida del Abuelito no era lo que contaba Don Angelito (ésa era otra historia, la historia de un desconocido), la vida del Abuelito era verle subir, bailando, la cuestecita de la huerta, los cañones de la escopeta todavía calientes y cantando jubiloso: ¡Aún sirvo, aún sirvo! ¡Qué buena puntería! Esa era la vida de la gente, no otra. Lo demás, lo que se oye, lo que contaban, lo que se repetía por ahí, a través del mundo, y del tiempo, sólo sombras en la pared, palabras huecas o misteriosas, frases que levantaban velos, los prendían de las ramas y formaban escenarios, decoraciones, raros teatros donde se fabricaba el pasado, que ya no era como entonces, que ya lo habían todos olvidado y que cualquiera, cualquiera, hasta el más estúpido, podía refundir y representar a su antojo, como Don Angelito. Pero estas cosas no se dicen, estas cosas son un lacerado latir detrás de las orejas, donde los glanglios son tan peligrosos. Mamá dice, a veces: no pienses, hijo, anda y diviértete un poco por ahí, estás en vacaciones, Juan, hijo, alcánzame esas píldoras, tú estudia y aprueba, y te prometo el Velomotor, Juan, ¿me quieres? Dame un beso.

—Puedo hacerlo mucho mejor —escuchó su propia voz, con terror.

El Galgo y el Andrés le miraron. Sólo había sorpresa en los (de pronto bellísimos) ojos azules del Andrés, y contenido recelo en los del Galgo.

—¿Lo qué? —dijo el Andrés, y nada, en cambio, El Galgo. Porque lo había entendido perfectamente, sin moverse, sin haberse reunido nunca antes, sin haberse repartido jamás ni una moneda, ni un cigarrillo siquiera, con ellos. Lo vio de nuevo, como la primera vez, agachado, desnudo, con una lanza. Maldito, te veré colgado, abierto en canal, me reiré de tus humeantes vísceras, rojas y azules.

—Se dice el qué, no lo qué —se oyó Juan, tembloroso ante la sorpresa del Andrés, que se puso pálido, o lo parecía. Y se arrastró para acercársele, hollando la hierba bajo el cuerpo, tal como estaba de bruces en el suelo, amigable y cálido animal. Y El Galgo, frío y untuoso, inmóvil como ahora sus manos, que parecían dibujadas y no vivas en el anochecer.

Ahora sí que estaba oscuro, ahora sí que no quedaba ni un coletazo de sol. Sólo erraba la desconfiada luna, tapándose, a ratos.

—Quiero decir: traerlo todo —aclaró.

—¿Todo?

—Y no volver. Largarnos.

La respiración del Andrés, a su lado, casi en su piel, parecía una súplica, entrecortada:

—No le hagas caso, Galgo... está chalao ahora... ahora está así...

—Calla, Andrés —le cogió la muñeca, se la apretó; y se la hubiera arrancado de haber sido posible, sintiendo como sentía un repugnante zumbido, azul y torpe, rondándole la garganta.

El Galgo sacó la petaca, la abrió y repartió los nuevos cigarrillos, los del dulce veneno:

—Bueno, pues que se refresque.

Y por primera vez fumaron los cigarrillos del Galgo, y por primera vez les habló de las estrellas. Pero de otras, diferentes. No de las que ellos conocían.

9

Estuvieron fumando una semana entera, o quizá más, y ya conocían muchas estrellas. Nunca hasta entonces pensó así en el universo, nunca hasta entonces, cara al cielo tachonado y verde, se sintió, bien clavado, enteramente clavado. Nunca pensó, hasta ahora, en la infinita, envolvente lucidez girando en torno a un solitario niño, de espaldas a la hierba. Conjunciones de astros, pozo sin fin, infinitas miradas pesándole en la frente, en su frágil cuerpo. La cruel eternidad.

A veces se acordaba, medio en sueños, de cuando era todavía muy pequeño y lo llevaron al cortijo, en Andalucía, y una noche se desató un incendio. Pero el incendio no le sorprendió, porque ardía y mugía siempre, debajo de la tierra: sólo tuvo que saltar la corteza, y levantarse, pero la gente no lo sabía, al parecer. Por eso, cuando prendió las casas, los vallados, la paja y la madera, se extrañó de que nadie lo esperara. Él ya lo anunció todos los días, con su torpe lengua de niño a quien nadie habla ni atiende (excepto para: dame un beso). Y todos los besos debían estar enterrados, como los grandes incendios, y brotar de madrugada. En sueños, recordaba la campana que estallaba por el cielo, los gritos y las gentes corriendo hacia los pozos; y fue entonces cuando lo vio, para no olvidarlo nunca, al caballo, saltando la cerca, enteramente encendido, la crin con todas sus llamas al cielo. Huía a favor del viento, y el viento acrecía el fuego, y allí, bajo su ventana de persianas azules le vio abrasarse, las pezuñas en alto, el relincho partiendo la noche. Ahora sólo lo recordaba en sueños, y si alguna vez indagaba, bajo el sol, mamá cortaba: son sueños tuyos, hijo, todos los niños sueñan con caballos.

Pero no con caballos encendidos, hermosos e implacables como la cima de allá arriba: aprisionada, ahora, por incongruentes, matemáticas, lógicas, feroces, tiernas e imposibles estrellas.

Galgo, para qué habrás venido. Galgo, para qué has venido. En la agenda de la Abuelita las estrellas tienen ahora nombres, nombres que tú revelas como si fueran historias prohibidas, obscenas. Pero acaso son mentiras, o tristes sabidurías proferidas por Don Angelito. Yo besaría las flores al amanecer, incluso los repugnantes lirios encenagados, incluso perdonaría a las niñas, pero no te puedo perdonar a ti, Galgo, que hayas traído aquí, a la pared de los heliotropos, un hombre sucio y húmedo, grasiento, desnudo, que habla tanto, tanto, de turbias luces y turbias paredes, de gasas corrompidas, a un par de muchachos que, antes, sólo se repartían raterías, junto a la grieta donde el Abuelito esperaba a sus mujeres.

Ha dicho el Andrés que conoces otra casa, no tan lejos de aquí que no nos permita ir y volver en una noche. Dice que podremos entrar. No es como nuestra cabaña, no. Somos tan pobres a tu lado, Galgo, cerdo.

Una vez mamá me enseñó la fotografía de una Catedral, yo no veía la Catedral, sólo veía el ángel, con sus ojos vacíos y blancos, con sus piernas gordas, diciéndome, espada en alto, que Dios se había ido. Yo tenía mucho miedo entonces, había hecho la primera comunión el mes antes, y le pedí a Dios que se apiadara de mí, de las criadas, del cartero, de mamá, de los viejos, y del mundo en general; porque así lo recomendaban en las clases de Esas Materias, donde decían que, ya, tal y como andaban las cosas, sólo la piedad podía salvar al mundo. Yo miraba aquel ángel gordo, que vivió cuando la piedad no era tan indispensable, y me dije, Juan, Juan, tú eres un malvado niño de diez años, que comulgas tarde porque mamá sabe que a los siete años no se tiene uso de razón, y la razón se usa, como los trajes, como esas combinaciones transparentes y arrugadas que veo en el cesto de la ropa sucia (aunque los niños no miren esas cosas), se usa, como el billete que me encontré en la estación del Metro, y el revisor dijo: granuja, que es usado, a pagar doble. El ángel gordo tenía su espada en alto, acaso sabía que los niños no eran buenos, que Dios se había ido.

Galgo, para qué has venido.

Cuando mamá era pequeña, dice, qué horror,

cuando éramos niñas comprábamos chinitos con sellos usados, Juanito no se deformará con esas cosas. Gracias a Dios Juanito irá a otra clase de colegios, en esta casa sólo se respira pornografía, así se me torció el corazón. Y con una arrugada y transparente combinación en la mano, Juanito, Yo, imaginé un corazoncito estrujado, pero un corazoncito de pollo, marroncito, cocido, como cuando lo encuentro agarrado al interior de la pechuga, y tras, tras, lo parto con los dientes. Mamá, no llores, mamá, ya te querré algún día, cuando sea mayor.

Galgo, lo bien que estábamos el Andrés y yo, con lo que yo traía de la cómoda, ya nos bastaba. Y además, teníamos a Don Angelito, sufriendo; y ahora, ya no nos interesa.

Qué importa, ya, que Don Angelito supiera lo que hizo el Abuelito con la Carbonera, allí al fondo de la chopera, donde tenía la cabaña con la Cama. Si eso es una historia repetida, entre la niebla, contada de otra forma a como pudo suceder. Si hubiera mar aquí, que no lo hay, cómo se los llevaría a todos, lejos, bamboleados, hinchados y negros, casi despellejados, como el ahogado de Cala Martina. Pero no hay mar, ni caballos encendidos, sólo niños, muchachos solos, asomándose a la ventanita de la cabaña, en el fondo de la chopera, apartando telarañas para ver mejor.

Y hay un cerrojo en la puerta, verde y mohoso, que no deja entrar.

10

Más o menos al cuarto día, el Andrés se lo advirtió:

—Anda ya, si no se puede entrar, no seas pelma. Que no se puede entrar, que hay un garruzote como esto de largo, y no se puede entrar a no ser que se rompa, y si se rompe, tú verás, si se rompe, la que a éste le armarían, cuanto que lo vieran.

Pero aunque dijera eso, el Andrés estaba ya envenenado por el Galgo, que para eso quería oírlo: para mirarle a él, reírse, oírle decir, sin poderse contener:

—¿A mí? ¿Armarme a mí, qué?

Luego, el Galgo ya los empujaba, entre la maraña de espinos que ahora invadían la chopera, y azotaban sus costados, defendiendo antiguas órdenes, consignas y recados de un viejecito que aún podía asesinar todos los tordos, todas las luciérnagas, todas las lágrimas de los muchachos.

La cabaña y su alrededor parecían más pequeños, como si en apenas cuatro días, hubiera encogido el mundo del anochecer.

—¿Y aquí tenía el viejo ese sus apaños? Tío roña, podía haberlo hecho a lo grande, tuviera uno sus posibles...

Pero cuando el Galgo saltó el candado (o el garruzote, como decía el Andrés, aunque esa palabra no estaba en el diccionario) y enfocaron la linterna, se calló de puro respeto, porque la Cama era algo demasiado insólito, con sus trenzados de oro y sus rosas encarnadas, y las patas de león ya mates por el polvo. Por debajo de la colcha se salían los muelles, llenos de orín, y el colchón despedía enjambres de podridos vellones, y aquella colcha era como la capa de algún derrotado, ensangrentado rey, herido en el desierto. El Galgo se lanzó, al fin, cayó como un árbol talado en el colchón, y una nube inundada de insectos de oro, azul y verde, un tropel de marchitás estrellas, se levantó galopando hacia las telas de arañas, embudos siniestros y viscerales, balanceándose en las vigas al menor movimiento del salvaje que nunca fue muchacho. Y dijo, ahogándose contra la colcha, ahogándose en su risa sin voz:

—¿Me traes para acá a tu mamá? Está buena, todavía.

Él temió que lo dijera de verdad, y no supiera cómo hacerlo. Ya no existían bebedizos, ni embrujos, como decía Don Angelito que les llevaba él a las mujeres del Abuelito, en vasijas de vidrio azul. Sólo las píldoras de mamá, para conciliar el sueño. Eso no servía. Mamá estaba lejos, aún. Quizá algún día la encontrase; pero más exacto era que la perdió, colgada de los cables telefónicos, con sus proyectos de vida nueva; estaba presa en los espejos donde se estiraba disimuladamente la falda, y se alisaba el pelo. Un fugaz deseo de ampararla, se enterró casi en seguida bajo profusas masas de buenos razonamientos, de organizado amor, de matinales y nocturnos besos, de palabras de reproche y de cordial estímulo.

—Trae la botella —pidió el Galgo, y eso que bebía poco.

Pero aquel atardecer amanecía un pacto, y bebieron, por turno, del gollete.

11

La casa que conocía el Galgo aparecía más real, más contundente que la cabaña de la chopera. Y aunque fueron allí dos veces, sólo lo supo Don Angelito, que les vio, y llegó sudando, después de la lección, cuando Don Carlos recogía los libros. Ya solos, le dijo:

—Canallas, fuisteis y abristeis la cabaña, y

saltasteis el candado. Y si eso fuera poco, habéis estado en la casa de las afueras.

—Sí, sí, Don Angelito, dame la mano, ven, de pronto me he dado cuenta de que deseas tanto, tanto, volver a abrir la cabaña, ven, Don Angelito, ven, vuelve a contarnos lo que hacía el Abuelito con la Carbonera, y sólo le llegaba a la cintura, a ella, la que tenía un lunar entre los ojos, como algunas indias, que se lo pintan. Y casi azul, de tan negro, decías tú.

—Sería carbón —se rió el Galgo.

Pero Don Angelito se echó a llorar, y aunque lo acababa de conocer, el Galgo le puso una mano en el hombro, y dijo sin ninguna burla:

—Hombre, hombre.

Don Angelito asomó la mitad de la cara por los dedos, como por un abanico roto:

—¡Qué va a ser del mundo en vuestras manos!

Entonces sí que se reía el Galgo, y decía que a buenas horas estaba esperando el mundo a que él lo agarrara.

12

La casa que conocía el Galgo, apartada, entre unos pocos abedules, tenía una verja mohosa que se abría sólo para los coches. El tejado, azul, imitaba los de otros países. Las ventanas estaban apagadas.

—Pero se enciende por la noche.

Habían llegado, con tres bicicletas: la vieja y la nueva de Juan (la vieja la recompuso el Galgo), y la del caminero Anastasio, porque a aquellas horas tan tempranas, solía estar apoyada en la pared de la casilla. El Galgo dijo: a las ocho, ya de vuelta. Y lo estaban, aun mucho antes de las ocho; a las seis y media devolvían la bicicleta de Anastasio, la dejaban otra vez apoyada, mansa, con su vago aire de complicidad.

—A nosotros no nos dejarán entrar nunca —le dijo al Andrés, casi al oído. Pero el Galgo le oyó:

—Sí, porque con dinero, todo se puede.

A ellos, el Galgo les abriría la puertecita de atrás. Eso decía el Galgo. Y otra vez volvería el sigilo, como en la rendija de la pared de los heliotropos. Pero ya estaban lejos, en un lugar sórdido, donde había otros testigos que los árboles, jaras y ortigas, donde había una acera de cemento agujereado, cubierta de polvo, y ellos dos, el Andrés y él, debían agazaparse bajo una ventana hermética, a través de cuyas persianas no se filtraba absolutamente nada, ni un destello, ni una voz, ni un eco tan sólo de los vastos paraísos del Galgo. El Galgo entraba allí, al Galgo le conocían, era mayor; y el Galgo se hundía en la negra puertecita, y allí dentro, galopaba como un encendido caballo con la crin ardiendo, por redondas praderas, misteriosas y aún temibles, oscuramente deseadas y odiadas. Con dinero, todo se puede, y el Galgo entraba con su dinero. No, con el dinero oculto del Abuelito, con el dinero de la cómoda de madera de cerezo, donde Juan se contemplaba la cabeza, aprisionada en el espejo negro, como un decapitado. Antes, el dinero podía otras cosas: una conversación cálida y vacilante, entre botellas de anís, nauseabundo y apetecible, naipes usados, cigarrillos americanos (como decía el Andrés)... Repartos misteriosos, a la sombra del muro, extraños acuerdos, ritos, escaleras de color y copas de pippermint en el bar para Don Angelito, a la luz cadavérica del neón, recién adquirido por el antiguo tabernero. Antes, el dinero podía otras cosas.

Cuando el Galgo salía de la casa, él espiaba su cara, por si le descubría algo distinto, algo que le marcara. Pero el Galgo montaba en la bicicleta del caminero, y era el Galgo de siempre. Regresaban, y era el de siempre, el mismo que entró en la casa, el mismo que salió de ella. El Galgo no cambiaba, era como si lo azotara todo, allí por donde pasaba, sin piedad, y desnudara todo misterio, y lo atravesara con agujas. Como hacía con las estrellas.

—¿Dónde aprendió todo eso de las estrellas?

—Del Brusco.

Le contó el Andrés que el Brusco tenía más de cuarenta años, y vendía candelabros, armarios con doble fondo, faroles rojos y azules, ángeles, piedras, medallas y monedas de emperadores. El Brusco conocía las estrellas, y la historia de todas las algas y corrientes marinas, porque decía que el mar era el revés del cielo, a donde treparon las larvas de los hombres, arena arriba. El Brusco se lo llevó al Galgo, un día, a vivir con él. Y así estuvo durante mucho tiempo. Pero el Galgo le hacía llorar mucho, porque el Galgo siempre fue igual. Eso era antes, cuando el padre no estaba preso, cuando vivían en la calle de la Esterería, detrás de la Colegiata. El Brusco decía a veces que mataría al Galgo, pero no le mataba, qué le iba a matar. Al revés, a veces el Galgo se aburría y le abandonaba, se encaprichaba por ahí, y el Brusco iba a buscarlo, a casa, o a la taberna. Eso contaba el Andrés, y que el Galgo se reía del Brusco, y que le escupía, pero luego volvía con él, se sentaba al fondo de la tienda y leía los periódicos, las páginas de boxeo, y ponía los pies encima de donde el Brusco no quería. Pero el Brusco volvía a buscarle al Galgo, otra vez y otra vez, siempre, y le perdonaba. Eso era antes, claro, antes de que padre hiciera aquello, lo que le llevó a la cárcel, y luego al Campo, a Redimirse. Entonces, había desaparecido el Galgo. Sólo ellos, los pequeños, siguieron al Padre, con la Madre, por lo de la paga.

—Lo que le pasa al Galgo, dice Madre, que se envició a ganar sin trabajar, y eso es lo malo.

Juan apretaba las manos, escondía entre las palmas una piedrecilla del río. Sabía que las frases del Andrés eran sólo un eco, una burda repetición, que el Andrés no contaba verdaderamente aquello, que lo decía realmente la Margarita, y que ella era a su vez, también, el espejo de otras voces. Porque ni a la madre del Andrés, ni al Andrés les dolían aquellas cosas. Ahora sí, a la madre del Andrés le asustaba el Galgo, porque (decía el Andrés) ella siempre le temió un poco, y ahora se llevaba la Paga de la Redención.

—Pero Madre dice, antes no era así, no era así el Galgo, que fue, dice, el Brusco, el que le perdió.

Seguía remedando vidas, causas, irremisibles consecuencias. Y además, la Margarita no decía la verdad, nadie podía perder a un ser como el Galgo, que nunca fue muchacho. Nadie. Era el Galgo el que perdía al Brusco, que con sus corbatas de seda iba a llorar a la taberna donde el Galgo jugaba al dominó, a pedirle que volviera, que volviera.

Juan oía en silencio, apretaba la piedrecilla entre las palmas, porque si se quedaba así, callado, el Andrés hablaría más, algo más. Y el Andrés, tan poco dado a contar sus cosas, soltaba ahora la lengua, aunque fuera mirando para otro lado, como si creyera que allí no estaba Juan, oyendo. Decía:

—Porque bien que antes Madre le hacía caricias al Galgo, y bien que le quería, a pesar de que le daba un poco miedo. Sólo que luego, el Brusco le perdió.

Entonces Juan se dio cuenta de que la Margarita era una mujer con cara de niña y piernas de muchacho, largas y morenas, un poco demasiado fibrosas, y se recogía la falda para cruzar el río, porque a la otra orilla hacía mejor sol para tender.

—Pero Madre está ahora asustada del Galgo, se puso blanca cuando le vio. En seguida que asomó, ella va y le dice: vienes por la paga de tu padre. Y se sentó en una piedra.

Juan levantó las manos, juntas, y descargó un golpe en el aire. La piedra cayó de entre las palmas, rodó y se perdió de nuevo en el agua.

—A nosotros —dijo Juan— no nos dejarán entrar en la casa. Ya lo verás como no.

13

Pero no era entrar en la casa, o no entrar en la casa, lo que le consumía. Lo que quería él era aplastar la cabeza del Galgo, reventarla entre las piedras, sentirla estallar como una nuez, agarrarla por el untuoso y negro pelo, reírse luego. Antes de que fuera demasiado tarde, demasiado tarde para algo que todavía no sabía: porque él no hablaba con palabras que otros dijeron antes, él decía lo que quería. Y si era verdad que deseaba entrar en la casa, era para decirle luego: embustero, no es verdad lo que contabas, no ha sido como tú decías que era, nada es como tú dices, ni las estrellas tampoco, nada es como tú crees, eres un estúpido incauto, el Brusco te engañó, te estafó el Brusco, aunque te llorara en las tabernas, el Brusco te mentía.

Y la mosca azul zumbaba, casi gozosa, esperando que abriera los labios y dejara escapar el gran torrente, la bienhechora lluvia que sosiega los campos abrasados. Pero seguía mudo, aún no decía nada. Y pensar que pudieran llegar unos días, aún muchos días, quien sabe cuántos días, antes de que regresara al Liceo Nausica (donde, desde luego, todo lo olvidaría) y que aún debiera seguir viendo mucho tiempo, muchas horas, la pared de los heliotropos, la rendija de los encuentros, la bicicleta de Anastasio detrás de la casilla; y el cielo, las estrellas, el río, las chabolas que bordeaban el Destacamento; todas las cosas repletas de su vida actual, presente, irremplazable; que pudieran llegar aún tantos días, tantas horas, y el Galgo no estuviera ya, y el Galgo se hubiera ido, como solía. Un desespero cauto, casi felino, se deslizaba bajo las puertas de su memoria: y no era la memoria de lo pasado, era la memoria de lo que aún debía suceder. ¿Para qué, para qué retenía la infamante, la imbécil agenda de la Abuelita, plagada de nombres de estrellas? El Galgo moriría, Juan moriría, el Andrés moriría. Luego, alguien, quizá, levantaría decoraciones, telones de teleraña, y repetiría, o creería repetir, lo que no se puede repetir jamás. Todas las historias son falsas.

Por qué has venido, Galgo. Y Andrés, cómo es posible, ya no cabes en mi historia.

14

El Abuelito dormía boca arriba, con los brazos sobre el embozo. En el dosel se arracimaba un extraordinario desorden frutal, y el cordón del timbre le rozaba la calva, por si se ponía

49

malo. Tenía la boca abierta, y, sin dentadura, el labio inferior se hundía sobre las encías, y se hinchaba un poco, a compás de su respiración. Una respiración poco consecuente con su cuerpecito, una respiración rítmica, marcial, casi castrense. Siempre dijo que quería ser coronel, pero le faltó la talla.

Juan sabía cómo amaba el Abuelito sus pájaros azul, rosa y amarillo. Pasaba despacio frente a las jaulas tapadas con blancos pañuelos, donde dormían Ezequiel, Isaías y Amaranto. El corazón se le frenaba siempre ante las jaulas, temía un despertar inopinado, femenil, ensordeciendo con su loca algarabía, como si amaneciera. Lo demás, era más fácil.

Al otro lado del biombo de seda violeta, la Abuelita también dormía, de costado. Ninguno de los dos padecía insomnio, como mamá. Ellos decían, aún sin ponerse de acuerdo, cuando mamá les envidiaba: es la conciencia, hijita, la conciencia pura, de no haber hecho nunca mal a nadie.

La alcoba de los Abuelitos, decían, fue en tiempos salón de música, y también de grandes recepciones. Aún se recortaba el piano, negro y suntuoso, en un rincón, porque nadie lo había podido mover de allí. Y como, desde hacía muchos años, no se organizaban conciertos, ni recepciones, y las lámparas estaban enfundadas de blanco, y colgaban del techo como enormes cabezas-trofeo-de-guerra, al amparo de moscas u otros malos bichos, los Abuelitos habían bajado allí sus camas, sus armarios. Ella, su gran tocador con faldas de tul e innumerables frascos de perfume, sus peines de marfil y plata, y aquella polvera enorme, que parecía una tarta, y que sólo guardaba una horquilla y un insospechado sacapuntas. La colcha de la Abuelita era verde, con flecos que rozaban el suelo, y la del Abuelito amarillo-oro, con borlitas al borde. El Abuelito hizo bajar, a su vez, la cómoda de cerezo, y el espejo redondo, negro, moteado, donde encontraba su cabeza, siempre, al acercarse al cajón: donde su cabeza era algo ajeno, oscuro, flotante en la estancia que olía a Je Reviens y a Efetonina Merck, a madera de cerezo, a piel cuidada y vieja. Y un poco a naftalina, porque la bata de la Abuelita, resplandecía en la penumbra, sobre su maniquí. A veces le sobresaltó la bata, como si fuera una mujer joven que quisiera escapar. Tal vez adivinaba que bajo la almohada de Abuelito la escopeta cargada, hubiera podido llenarla de perdigones.

Quien primero bajó allí su cama, fue la Abuelita. Dijo: siempre me hubiera gustado dormir aquí, así que ahora que está todo tranquilo, voy a bajar mis cosas, y mi cama. Entonces, el Abuelito, que siempre andaba envidiando a todo el mundo, la imitó, y mandó que le bajasen a él su cómoda, su espejo, su cama y su armario. Y se pelearon, hasta que se les ocurió lo del biombo; y ya, cada uno en su zona, ni se conocían.

En el cajón derecho del tocador, la Abuelita guardaba los collares, los pendientes, los brazaletes y alguna que otra cosa. El Abuelito tenía el dinero en el cajón segundo de la cómoda. Y le decían a mamá: déjanos tranquilos, no nos fiamos de los Bancos, ¿para qué en el Banco? Allí no se puede tocar, ni mirar, ¿y para qué, entonces, lo queremos? Bueno, bueno, ya te has llevado bastante a tus Bancos, déjanos esto, por lo menos, no seas egoísta. Pero no era cierto, ni lo miraban, ni lo tocaban, ni se daban cuenta de lo que él, Juan, hacía con el dinero, ni con aquella sortija verde, que se llevó un día, y luego se perdió en el río. No había peligro, ellos no se daban cuenta de nada. Mamá era distinta, mamá sí que se hubiera enterado, y además el dinero de mamá era algo intangible: firmas, cifras, fechas. El dinero de mamá estaba en su pensamiento, no se podía ni mirar, ni acariciar. El abuelito creía en el dinero, un dinero con rostro, peso, un dinero al alcance y a un tiempo escondido, como Las Prendas del Juego que tanto gustaba a la Abuelita. Pero ya no lo sabía contar, ni repartir, ni intercambiar, del mismo modo como tampoco sabía por qué un día se puso un zapato negro y otro marrón.

Vació en la alfombra la caja de los anillos y los brazaletes, el collar, las sortijas, y un broche redondo, como el ojo de un búho, fijo y estupefacto. Se sentó en cuclillas, y de pronto sintió, de un modo físico, aterrador, cómo su cuerpo adquiría las proporciones, el color, la untuosidad y la desnudez del salvaje, del animal acechante. Las joyas estaban sucias, tenían un fulgor mortecino y fascinante a un tiempo, de mirada antigua, hacia su inclinado rostro. La llama de aceite temblaba, en la mesilla de la Abuelita. Desde niña tuvo terror a la noche, a las tempestades, a los muertos, y no se podía dormir sin aquella lucecita.

15

—Esto es chatarra —dijo el Galgo, aunque el agujero de su bolsillo tragaba el brillo suave, la inacabable sonrisa del collar de perlas doble. Deseó gritar—: son estrellas, bestia, son estrellas, pero sólo dijo:

—He dicho que lo traería todo, y lo traigo todo.

El Andrés se tambaleó, fue a apoyarse en el muro junto a la rendija, y murmuró:

—¿Por qué, todo...? Todo no va a hacer falta...

—Es que no volveré. Nadie me verá más.

Le reventaba el orgullo, y pensó: acaso todo lo hice sólo para decir esto, ahora, junto al fantasma de los heliotropos.

Pero el Galgo azuzó:

—¡Suéltalo!

La mano extendida delante de él, su oscura palma, dura, cruzada por innumerables y misteriosos caminos, era una exigencia largamente retenida. La mano que tampoco trabajó, sólo arañada por aventuras y, acaso, sueños.

—El señorito —dijo el Galgo, deslumbrado, deletreando despacio, casi silbando cada letra. Ni siquiera se reía.

Luego se quedaron callados, y él se imaginó navegando, dueño del mar, del cielo, de los planetas vivos y muertos. Bruscamente vació los bolsillos, en el suelo. El Andrés volvió la cara, como si no pudiera mirarlo, pero el Galgo ya estaba en cuclillas, contando, amontonando y clasificando expertamente. Pareció que había pasado mucho, mucho tiempo, cuando dijo:

—Ya está. Vamos.

Casi imperceptiblemente el Andrés se resistía. No se hubiera dado cuenta nadie, pero él lo notaba.

—Vamos, Andrés.

El Andrés movió los hombros de forma extraña, un estremecimiento, o una resolución extrema, y echó a andar, el último.

—No vamos en la bici —dijo entonces el Galgo, sin volverse—. No hay que dejar huellas.

Juan se concentró en la visión de los tobillos negros del Galgo, sólo en sus tobillos, como si unos imaginarios grilletes les enlazaran, a los tres.

Sólo que ahora, otra vez, súbitamente, él, Juan, el ingrato y fanfarrón Juan, pobre Juan, y el Andrés volvían a estar cerca uno de otro. Como antes, cuando los encuentros del botín pequeño, las apuestas, el aguardiente con guindas, el anís, el pippermint para que soltara la lengua Don Angelito. Y sin embargo, qué pobres ya, las citas junto al muro agrietado. Todos lo sabían, que tenía por amigo al Andrés, el de las chabolas, de las familias de los presos. Sólo lo del Galgo consistía en un auténtico secreto. Y Don Angelito no contaba, Don Angelito no diría a nadie nada del Galgo. Don Angelito sólo podía revelar cosas a los muchachos, y ya no quedaba ningún muchacho en aquellas tierras. Ningún muchacho.

Cuando ya no oía el río, dijo:

—A nosotros no nos van a dejar entrar.

El Galgo se rió un poco:

—¿Miedo?

—No tengo miedo. Pero no nos dejarán entrar.

—Pues tú entras, quieras o no, tú entras —dijo el Galgo, y en la burla de su voz una negra culebra, zigzagueaba—. Tú entras, como soy quien soy.

Juan dominó el temblor apretando las manos, pero ahora no tenía ninguna piedrecilla para sentirla en las palmas, y asirse a la tierra, a los árboles.

—¿Por qué, por ahí? —el Andrés desconfiaba—. Este es el camino del canal.

—Porque se acorta —dijo el Galgo.

El sendero trepaba hacia las rocas, conducía hasta el canal, bordeado de acacias, chopos, y alguna que otra encina.

—Por ahí no se va —se enterco el Andrés; y Juan le vio como más alto, cruzándose la raída chaquetilla sobre el pecho, tiritando—. Ése es el camino del canal, te digo.

El Galgo se volvió, y su cara y la del Andrés estaban muy juntas, parecían dos gallos blancos, en la noche.

—Tú eres un rajao, eso te pasa, así que ahora no vienes, porque yo lo digo.

Pero Juan agarró el brazo del Andrés, aunque el Andrés, ya reculaba, como el asnillo que llevaba la leche al Destacamento:

—Sí que viene. Tú sí que vienes, Andrés.

El Galgo se encogió de hombros, y siguieron callados, tras los zapatos puntiagudos, llenos de barro seco, con las suelas agujereadas.

Conocía el canal, pasaba por detrás del Campo, justo bajo el barracón del Jefe del Destacamento, y bordeaba las chabolas. Por aquel tramo, flotaban los desperdicios de la cocina del Campo, y el pequeño, el hermano del Andrés, el hermano de verdad, y otros como él, corrían con alambres en forma de gancho, se echaban de bruces sobre el puentecillo y atrapaban cortezas de melón y sandía, despojos que a veces devoraban, alegres y mojados.

Así, al canal lo conocía. Pero no ese canal, el que venía de más lejos, más allá del Campo y de las alambradas. Ahora lo oía a la derecha del camino, abajo, oscuramente rumoroso. Lo oía allí, a su costado, como debajo mismo de las raíces de los árboles, confusamente enemigo. No entraba en los planes, el canal, aquella noche.

16

Hacía un rato que el Galgo se puso a andar de prisa. Ya no quedaba rastro de su larga pereza, de aquella lentitud, ágil y cautelosa. Ahora, el Galgo andaba con pasos menudos, rápidos, tan rápidos como no podía creerse. Y se alejaba más y más, hacia la oscuridad.

El Andrés respiraba fuerte, y sintió su mano en el hombro:

—Date cuenta, se va solo...

—No se va solo, sigue, sigue, no se va solo.

Nunca se iría solo el Galgo, nunca, mientras él estuviera de pie en la noche. Porque las noches le pertenecían. No eran como el día, inundado de seres envejecidos y perversos, duras personas burlándose de Don Angelito desde su Alta Matemática, días de sol con pájaros chillones y largas conferencias al abogado, cables festoneados de gorriones. El día gobernaba, imponía el cariño, e incluso las lágrimas que nunca, nunca, se van a derramar. Gobernaba hasta la amistad: sí, puedes tener ese amigo, hijo de asesino convicto, no, no puedes tener ese amigo hijo de presidiario; no, no vayas al anochecer a la pared de los heliotropos para reunirte con los harapientos y los malos bichos; sí, sí, puedes ir donde quieras, disfruta de tus vacaciones, pero luego, aprueba; sí, sí, que conozca la vida tal como es, con todas sus miserias, no como a mí, que me la desfigurasteis; no, que no vaya a tomar malos ejemplos, en malas compañías.

Pero el Galgo no se iría, mientras hubiera noches, interminables noches de septiembre, oscuras y lunares noches de septiembre. Allí iba el Galgo, de prisa, de prisa. La silueta del Galgo ya se estaba perdiendo, ya no le iban a ver más al Galgo, nunca; el Galgo se quería confundir entre los árboles, se transparentaba. Se respiraba otra vez la carcajada muda, la retenida carcajada del Galgo.

—Corre, Andrés.

Ya era una persecución, cuando los árboles se espesaron. De pronto había muchísimos árboles, parecía que se hubieran citado allí, que se agruparan, surgidos de las sombras, banda de compinches, todos de parte del Galgo. La luna se había ido, pero en algún lugar andaba, espiando, escapándosele una frágil claridad.

Y nada era extraño, nada que no hubiera él imaginado, hacía mucho, muchísimo tiempo. Incluso el jadeo de Andrés, y su ira impotente:

—Como siempre —decía ahora, y se paró, en seco. Casi le vio doblarse de rodillas. Hasta que le sujetó por el cuello de la camisa, zarandeándole. Porque no quería oír: lo hace siempre, siempre, es lo suyo, el Galgo es así.

De modo que le arrastró, empujándole, y la ira de Andrés le inundaba a él de calma, casi una jubilosa y desesperada calma. Él no se paraba, nunca se pararía, aunque ya no le vieran al Galgo, o le vieran apenas, furtivo, apareciendo y desapareciendo entre los troncos, sin pararse, sin pararse. El Galgo es un astro errante en el inmenso vacío, el Galgo continuará eternamente su carrera, es lo suyo, lo de siempre.

Pero él, también era distinto, él no era como los otros: ecos de historias, remedos, espejos oscurecidos por la herrumbre de las horas; él no era como los otros, y no podía parar, nunca pararía, estaba marcado por las noches.

—Si se ha escondido por ahí, yo no sigo.

El Andrés se echó al suelo, de bruces. El camino pedregoso blanqueaba, tal vez iba pronto a amanecer.

La voz del Andrés se aferraba, como clavada de uñas, en alguna parte.

—No sigo, porque nos saltará... Vuélvete a casa, Juan. Vámonos, le conozco, le conozco.

Respiraba como si se hubiese herido en un costado. Juan le sacudió, le notaba frágil y terco, nadie movería el pobre y raquítico cuerpo, y meneaba la cabeza negando, negando, de un lado a otro. Parecía un perro sediento. Le pareció que estaba llorando, le pasó la mano por la cara, y era verdad, notó la humedad. Como si algo le hubiera quemado, o le hubiera mordido un escorpión, saltó hacia atrás, echó a correr, entre los árboles.

A su izquierda, la ladera se borraba suavemente en la negrura, y presentía el alba, en la bruma que se alzaba del suelo. Un vaho dulcemente venenoso penetraba en sus pulmones, y todas las hojas, y la hierba, levantaban la sutil ponzoña de la madrugada, mil agujas que atravesaban su garganta, y sus ojos.

Dos veces perdió el camino, pero dos veces

aún, zigzagueando, borracho del vaho de la hierba, lo recobró, guiado por el rumor del canal. Que lo agarre, que lo agarre antes de que amanezca, que lo encuentre antes del sol.

Porque únicamente la noche era suya, sólo la noche era de Juan; el día traería el pavor, la claudicación, el desaliento de ser un muchacho. Y mientras haya noche, no, mientras haya noche...

17

Al fin asomó, por los troncos gemelos. Salió de pronto, o más bien cayó, se desplomó como una desgajada rama:

—Hala patrás, o te pincho.

En el cielo aún había estrellas, nada aún rosaba la negrura, y se notó fuerte bajo el destemplado corazón que, ya, ni siquiera le pertenecía. Dio un paso más, y el Galgo también, pero más rápido, más ágil, y la hoja brilló duramente:

—Vete patrás y abandona, chalao, abandona.

Luego el Galgo hizo un ruido, un chasquido de lengua contra el paladar, como cuando se azuza a un perro molesto. Él dio otro paso, y otro; y el Galgo, entonces, se plantó, tenso. Le veía el brazo, la curva exacta, el ángulo del codo, presto, y sabía que era verdad, que por cosas así era capaz de todo el Galgo, era lo suyo.

Pero él no era el Brusco, él no iría nunca a buscarlo a las tabernas, llorando, él no era el Andrés, abandonándolo todo en el sendero, ni la Margarita, temblando sobre sus piernas de muchacho demasiado crecido: obedientes, tristes, víctimas del sol y del mundo. Él no necesitaba crecer, inconmovible como el firmamento, como un astro no apagado, resplandeciente. Dio otro paso, otro, y cuando sintió el acero le abrazó, y no le soltó, porque su fuerza era enorme en la noche. No le soltó jamás, jamás, ni rodando en la hierba, ni sobre las piedras del sendero, ni al borde del canal, ni en el canal; ni aguas abajo, hacia el tramo de los desperdicios, de las cortezas de sandía y las tripas de animales devorados, no le soltó jamás, no hay fuerza que deshaga el abrazo, ni el dolor, ni el vientre abierto, mientras haya noche.

Cuando saliera el sol todo daría igual, gritos, pavor y reflexiones, arrepentimientos, gentes agitándose a las orillas, pájaros errantes, seniles advertencias. Con el sol, ya podían deshacer el abrazo, arrancarle ensangrentados mechones de los puños, cubrir con sacos los azules labios hinchados, ya podían hacer lo que quisieran bajo el sol, como si nunca hubiera nacido. Una estropeada agenda flotaría en el canal, las hojas desprendidas, empapadas, temblando bajo el peso de tantas estrellas, tantas desconocidas.

Algún día, quizá, gentes ásperas y ajenas levantarían el telón, colgarían insólitas decoraciones y explicarían una historia que nunca había sucedido.

*...y un oscuro y obsceno guardarropa ocupará
[el mundo...*

PABLO NERUDA.

II

MUY CONTENTO

Empezó el día de la fotografía, es decir, el día que miré la fotografía al minuto, que nos hicimos Elisa y yo, como si todo marchara perfectamente. Por lo menos, así estaba escrito, o decidido, en un inexorable orden que presidió mi vida desde que nací.

Elisa y yo habíamos ido a dar una vuelta por el Paseo del Mar, y era domingo, antes de comer. Ella, habla que te habla, y yo escuchando, como siempre. Faltaban tres días para la boda, y estábamos repletos, atosigados de proyectos. No de proyectos amorosos, que esos, si los hubo, yacían sofocados por todos los demás: la casa, el dinero, el viaje de novios, los mil detalles de la ceremonia, etcétera. No se acababan nunca los proyectos, y yo me sentía, como siempre, así como flotante sobre nubes esponjosas de órdenes aparente-

65

mente suaves y planes sobre mi persona, en cadena ininterrumpida desde el minuto en que nací (como antes dije). Mientras la oía hablar y hablar, se me ocurrió que la cosa no merecía tanto jaleo, y al tiempo, pensé que posiblemente el día en que yo vine a este mundo, hubo en la familia un revuelo parecido, y que desde aquel preciso instante todos se enzarzaron en proyectos y proyectos —o quien sabe, acaso aún antes de que yo diese mi primer vagido— y todavía, todavía, todavía, yo caminaba dócilmente sobre la calzada de aquellos proyectos, sin parar. Fue entonces cuando me invadió la vasta y neblinosa pereza que en otras ocasiones se iniciara, y que, con frecuencia, me empujara de Norte a Sur como un desdichado globo. Por ejemplo, era una clase de pereza parecida a la que me invadió el día de las bodas de oro de mis padres (yo fui hijo tardío de un matrimonio tardío). Recuerdo la cantidad de telegramas que se recibieron en casa aquel día. Todos los amigos, o conocidos, o deudores, les enviaron parabienes, tales como si hacía tantos años que empezaron el negocio, y que si tantas cosas pasaron, cosas que se referían al negocio que llevaban juntos, y que si mi madre era la mujer fuerte y compañera-accionista ideal, trabajadora, etcétera, y que si años y más años juntos y levantando el negocio hombro con hombro sin reposo, ni fiestas, ni esparcimientos, ni tabaco (como quien dice). Total, que me entraba una pereza cada vez más grande a medida que oía como todo aquello debía servirme de estímulo, a mí, que tanto me gustaba estarme quietecito con un pedazo de sol en un pie. Así que la pereza incontenible crecía al recuerdo de todos los puestos que mi padre, ayudado por la fidelidad inconmoviblemente ahorrativa de mi madre, había acumulado, desde que empezó como vulgar quesero a mano —lo aprendió del abuelo, que era pastor y tenía la cara ampliada en una fotografía, muy negra por las cejas y bigotes, encima del aparador con las tazas que nunca se usaban porque se rompían sólo de mirarlas— y había acabado (o por lo menos llegado el día de sus bodas de oro) como propietario de una importante cadena de industrias queseras, dentro y fuera de la región, porque hasta en Madrid era conocido y valorado su nombre (siempre en relación al queso, se entiende, porque en la guerra no se significó, ni luego). Así que aquel día me sentí atropellado por legiones de años y quesos, y de fechas importantes en la industria familiar, y tuve ganas de esconderme en alguna parte oscurita, cerrar los ojos, o, por lo menos dejarme resbalar debajo de la mesa, que estaba cubierta de copas azules con Chinchón y migas. Pero todo eso no me lo decía yo de una manera clara, sino que me venía a retazos sueltos, desde algún agujero que yo tenía dentro y no sabía. Total que, resumiendo, aquella mañana, Elisa, que estaba tan locuaz, dijo:

—Ramoncito, vamos a hacernos una foto de esas al minuto. Mira, va a ser nuestra última foto de solteros... (etcétera).

He de confesar que esas palabras me produjeron una sensación rara. No sé, como una desazón absolutamente desordenada que rompía todo el engranaje, todo el minucioso programa establecido sobre mi persona, desde el (tantas veces rememorado en mi presencia) día de mi nacimiento (sucedido, al parecer, tras un parto que me hacía dudar sobre la tan alabada sabiduría de la Naturaleza).

Aquella mañana con Elisa, en el Paseo del Mar, cuando ella me dijo eso del último día de solteros, venía hacia nosotros un hombrecito con guardapolvo y boina, que arrastraba sobre una tarima de ruedas una máquina fotográfica del año de la polka. Dije que bueno, porque jamás fui discutidor. Nos cogimos del brazo, el hombrecito dijo que nos sonriéramos y luego se metió debajo del trapo negro.

Estuvimos mirando luego cómo sacaba la placa y la metía en un cubo con líquido, y en la cartulina cuadradita se fueron marcando sombras que, al parecer, éramos nosotros en los últimos días de solteros. Cuando nos dio la foto, ya terminada, casi seca, se me desveló todo esto que estoy contando. Era como si a mí también me hubieran metido en un líquido misterioso y apareciera por primera vez, tal y como soy, ante mis ojos. Me vi triplicado en aquella pequeña cartulina, mal cortada por los bordes, húmeda aún, abarquillándome junto a una desconocida. Era yo, yo mismo, con mi cara ligeramente estúpida de retratado sin ton ni son, con mi soltería, aún, con mi traje azul oscuro del domingo (que por cierto tenía los bajos del pantalón fofos). Allí estaba yo, mirándome, con un brazo como en cabestrillo, sujetando a una mujer que no conocía. Elisa seguía diciendo cosas, y me di cuenta de que hacía muchos años que yo no escuchaba esas cosas. Aquel ser, que se aferraba posesivamente a mi pobre brazo como enyesado tras una rotura, era un ser absolutamente ajeno a mí. Pero, principalmente, he de admitir que mi atención se fijaba en aquel pomito de flores que la muy insensata habíase prendido en el pico del escote. Era un manojo de flores artificiales que salía como disparado hacia afuera, como disparado hacia mí. Mis ojos se centraron en aquellas flores de pétalos anchos y coloreados, como dispuestos a saltar de un momento a otro, igual que animales dañinos. Me fascinaron y, a un tiempo, aborrecí aquellas ridículas flores, con un odio espeso y antiguo, que me llegaba como viento, como un resplandor a través de sombras. De repente, me dije que yo nunca

69

había odiado antes, que nunca había amado. Y aquel odio recién nacido, reconfortante, suntuoso, se centraba en el adorno, y yo lo paladeaba como un caramelo.

Me desasí de las manos de Elisa, sujetas a mi brazo como las garritas de un pájaro a un barrote, y ellas se enroscaron de nuevo sobre él, y la foto cayó al suelo. Encontré sus ojos mirándome, me parece que con asombro, y vi sus labios redondeados en una O, sin proferir palabra, y experimenté cuán placentero podía resultar no oír hablar a Elisa. Me vino entonces a las mientes una sarta de hechos, de bocas redondeadas, que a su vez redondeaban programas y órdenes. Cosas establecidas, inmutables, que me condujeron, sin piedad, hasta una mañana de domingo primaveral, en la acera del Paseo del Mar.

(Por vacaciones nos visitaba tía Amelia, se inclinaba hacia mí, su ajada cara enmarcada en la pamela, que la teñía de sombras amarillas, y me invadía una ola de perfumes encontrados. Redondeaba la boca, y con un dedo largo, rematado por uña afilada de color rosa brillante, se daba unos golpecitos en la mejilla, con lo que indicaba el lugar exacto donde debía besarla. Creo que aborrecí aquella mejilla, aquella boca en forma de O, con secreta pereza y odio mezclados, tal como se me estaba desvelando, durante toda mi vida. Ya desde aquellos besos a tía Amelia, tan claramente especificados y programados, mi vida fue una sucesión de acatamientos. Cuando cursaba el 4.º de bachillerato, más o menos, tía Amelia trajo con ella a Elisa, durante las vacaciones. Elisa tenía mi edad, y era gordinflona, pálida, de ojos celestes bastante bonitos, y espesas trenzas. Un día, jugando estúpidamente con ella y otros muchachos —estábamos escondiéndonos y encontrándonos por los altillos de la casa de mis padres— ella surgió súbita de un armario, me rodeó con sus brazos gorditos, y redondeando la boca igual que tía Amelia, me espetó un par de sonoros ósculos. No puedo detallar con exactitud la sensación que eso me produjo entonces. Pero a la vista del ramillete exhibido en el escote de la mujer que se colgaba tan injustamente de mi brazo, comprendí mi sufrida y amordazada irritación, y la angustiada sospecha de que debía ser yo quien decidiera dónde y a quién debía besar. Tal vez, mi vieja aversión a los besos nace de aquel día).

Mirando el escote y el ramillete de la mujer que me era profundamente lejana, ni siquiera antipática, me dije: ¿por qué? Me invadieron unas confusas ganas de llorar, la dejé en el Paseo, y anduve, anduve.

He repasado, y con cierto deleite, lo que fueron mis días. Reconozco que soy tirando a feo, con mi barbilla caída. Me gustaban las chicas

guapas, sobre todo en el verano, que se las ve
mejor, pero yo estaba tomado del brazo por Eli-
sa, bajo la aquiescente (y, ahora lo sé positiva-
mente), la bien planeada programación Paterna-
Tía Amelia. Fui estudiante gris, ni el primero ni
el último. Ingresé en la industria familiar quese-
ra, y mis días, mis años, fueron cayendo, uno a
uno, tras la puertecilla de cristal esmerilado don-
de, desde hacía poco tiempo, colocaron unas le-
tras doradas que decían GERENTE. Siempre, en
casa, mis padres, tía Amelia, Elisa, hablaban de
mí, de mí. Quitándose la palabra, y estructurán-
dome. Un día llegarían mis hijos —y vagamente
yo repasaba visiones de niños conocidos, en bra-
zos de madres o niñeras, salivosos, emitiendo chi-
llidos inesperados y totalmente desprovistos de
luz espiritual—. Y me sentía cubierto, rodeado,
abrumado por chiquillos carnosos con ojos de
porcelana, como Elisa, que crecerían, y a su vez,
serían nombrados gerentes (o sabe Dios qué otras
cosas). Me hundía, y desfilaban por mi recuerdo
hermosas criaturas de verano, muchachos delga-
dos y tostados por el sol, barcos, mendigos, perros,
y hasta hormigas e insectos voladores. Un largo
dedo con la uña lacada de rosa señalaba una pas-
tosa y arrugada mejilla blanducha, donde yo de-
bía besar. Inexorablemente.

Todo, repito, sucedió gracias a la fotografía. Es
gracias a ella, que ahora estoy aquí, por fin, con-

tento, tranquilo, libre. Confieso que en un primer impulso desesperado se me pasó por las mientes degollar a Elisa o a tía Amelia debajo de su pamela, pero tengo los nervios muy machacados por órdenes, y además el forcejeo que supongo sucedería llegado el caso, y todas esas cosas de la sangre, que me da asco, me lo quitaron de la cabeza. Mejor era no enfrentarme a ellos, a sus ojos y sus voces, porque me volvería en seguida obediente y ambiguo, como durante tantos años. Así que era mejor no verles, y hacer las cosas solo, por mi cuenta. Por tanto, hice lo otro, que era más cómodo, y por eso estoy aquí, ahora. Y no me caso. Ni soy gerente, ni tendré hijos ni nada. Ni me van a felicitar nunca las bodas de oro, ni voy a ver un queso en mi vida. Conque llevo ya cerca de una semana tendidito en mi catre, mirando el techo y las paredes, tan cubiertas de inscripciones divertidas, con trocitos de vida de hombres que, a pesar de todo, han hecho lo que les dio la gana. Lo que les dio la gana, como a mí. ¡Cómo ardían las GRANDES QUESERÍAS DE GUTIÉRREZ E HIJO! Me acordé de cómo me gustaba de niño encender cerillas y dejarlas caer sin apagar, y vino mi padre y me dio una torta.

Ahora estoy contento. A veces viene ése, con sus ojos tan confortablemente juntos sobre su agradable nariz de patata, a vigilarme por la mirilla, o a traerme comidita. Sólo me preocupa que

me vengan con psiquiatras y gente así, y me sa-
quen de aquí. Pero no me costará convencerles
de que soy normal, y además, estoy contento.

Y van a morirse, mudos, sin saber nada.

RAFAEL ALBERTI.

III

CUADERNO PARA CUENTAS

Página uno

Este cuaderno es para las cuentas, porque no tiene rayas, que tiene cuadritos, pero no voy a hacer cuentas, va a ser para apuntar la vida, contar por qué he venido aquí, con mi madre. Aquí vivía mi madre desde mucho antes que yo naciera, y yo no había visto nunca a mi madre, sólo ahora la he visto, y el primer día me pareció sucia y fea y cuando me dio un beso puse las manos duras para apartarla, entonces dijo, que mala hija, pero no lloró como hacen todas, lo decía por decir, ya sabía que ni mala hija ni nada era yo, no era nada. Desde el primer día me pusieron a vivir con ella, en su cuarto. Eso es malo, tiene un cuarto muy chico, con una ventana que da a otro cuarto con trastos y las escobas, y la bombilla está fundida y nadie la cambia, no hace falta, dice mi madre, con sólo abrir la puerta ya se ven las escobas y todas las cosas así que hay en el cuarto ese, sólo que nadie ve las arañas más que yo.

La primera noche estuve acordándome todo el tiempo de mi casa, cuando vivía con la tía Vitorina, en la escuela, porque la tía Vitorina era la criada de la maestra doña Eduarda, y como me acordaba, lloré con la boca contra la almohada, porque yo quería a la tía Vitorina, y ya no estaba, ni nunca estaría, y sólo ahora me he enterado que la tía Vitorina era hermana de mi madre, pero yo quería las cosas de aquel pueblo, donde la Escuela y la maestra Doña Eduarda, así que lloré, pero lo que más me acordaba, la huerta, aquel árbol que había con cerezas, luego la tía Vitorina, también, claro, aquí todo tan oscuro siempre en la cocina esta, mi madre guisa, es una buena cocinera, pero no es igual, no se parecían la tía Vitorina y mi madre, y esta casa es muy grande pero nadie quiere que el sol estropee los muebles, los de arriba, los de los amos, no los de la cocina y la despensa y el lavadero, pero aquí no entra el sol aunque se pueda, así que para qué, qué más da que se pueda. De la casa donde vivía yo con la tía Vitorina no me traje nada, sólo la ropa. Claro que mío no tenía nada, ni de la tía Vitorina, todo era del Municipio que se lo ponía a Doña Eduarda, así que sólo me vine así, con la ropa, y el cuaderno para las cuentas que me dio la maestra Doña Eduarda, me dijo, toma, para que no se te olvide sumar, tú vete haciendo cuentas, así no se te olvidará, pero no voy a hacer cuentas, para qué sirven, para nada, mejor cuento la vida, a quién se lo voy a contar, a nadie, no se puede hablar con nadie nunca. Aquí hace siempre mucho viento, y polvo.

Estamos detrás de la Parroquia de los Santos Roque y Damián que son los patronos de aquí y están en el altar del centro, para arriba de todo, están tan altos que no se sabe lo que son si no lo dicen, hombres o mujeres, santos o santas, pero no importa, todos los santos son iguales, sirven para lo mismo todos, igual es pedirles a ellos que a otro, todos son santos. Y la tía Vitorina, me acuerdo, decía la tía Vitorina, mira, mejor pedir a Dios por lo derecho, para qué andar con los santos de por medio, quien manda, manda. Y detrás está el mar, pero aún no lo he visto, me lo han dicho, dicen que queda un poco lejos, el domingo vamos a ir.

Página dos

Me dijo mi madre, mira, Celestina, vas a ser buena, porque si no te van a mandar al hospicio los Santos Ángeles, que es muy feo, y te quitarán de mí. Yo dije, el nombre no es feo y qué más da aquí o allí, y dijo ella, bueno, ingrata, aunque no sea feo, allí vas a estar peor que aquí, así que tú pórtate bien, ingrata, cacho ingrata, te daba así. Pero yo sé lo que es portarse bien, es portarse como quiere el que lo dice, y para unos es una cosa y para otros, otra, yo ya me acuerdo, allí con la tía Vitorina y con doña Eduarda era igual. Le dije a mi madre entonces, pues la tía Vitorina siempre me amagaba con que si no me portaba bien, me iban a mandar aquí, a donde estoy ahora. Entonces, mi madre dijo, que Dios la tenga en gloria, a la tía Vitorina. Pues bueno, que la tenga en Gloria, pero no tiene nada que ver con lo que yo le dije.

Página tres

A los qué sé yo cuántos días de estar aquí en la cocina y en el cuarto, sin salir para nada más que a la misa, va y viene a la cocina Leopoldina, la señorita Leopoldina hay que decir, que es la sobrina vieja del amo, porque tiene otras sobrinas, pero a ésta, mi madre y Ernestina, la otra criada, y el Gallo, que es el cartero, le llaman la sobrina vieja, pues vino y me dijo, ponte limpia que te va a ver el amo. Entonces mi madre se puso nerviosa, dando paseítos de un lado para otro, como si tuviera mucho que hacer, y la vi que estaba colorada, pero no había encendido el fuego, no era por eso, sólo el hornillo del café, era muy temprano todavía. Entonces la señorita Leopoldina la miró muy fijo y dijo, no te pongas afanosa, no, que no va a pasar nada nuevo, es simple curiosidad. Entonces, mi madre, que suele estar mansa, echó los brazos para arriba y gritaba: ¡Y qué voy a esperar si ya no espero nada de nadie! Y la señorita Leopoldina dijo, más te valiera calzarte, desastrada, porque también ella contesta sin que pegue nada. Aunque sí es verdad que a mi madre le gusta andar descalza, dice, los zapatos me dañan, y tiene la planta dura, nada se le clava ni le duele.

Entonces me dijo la señorita Leopoldina, lávate, y mi madre echó agua en el barreño grande, casi me abraso, y la señorita Leopoldina iba diciendo, ahora el cuello, ahora esto, y lo otro, como si yo fuera tonta. Luego dijo, péinala, y así que me sequé, el gato estaba mirándome fijo, seguro pensaba que por qué estaba haciendo eso, aquí nadie me lo mandaba, mi madre no es como la tía Vitorina. Entonces mi madre se puso a desenredarme, y dijo la señorita Leopoldina, que estaba allí delante como un espantajo, dijo, lo que es, a ti no se parece la chica. Más vale, dijo mi madre, y la señorita Leopoldina, dijo, lástima de ser quien es, que la verdad, parece un cromo. Dicen eso del cromo para decir que soy muy guapa, también lo decía la tía Vitorina, pero los cromos qué van a ser guapos, yo los guardaba los del chocolate, había romanos, tiburones, catedrales, peces, no sé qué guapos iban a ser. Cosas que dicen ellas.

Claro que soy guapa, me miro al espejo y lo veo bien claro, porque además tengo el pelo rubio, y casi nadie tiene el pelo rubio.

Página cuatro

El amo, que es el amo de la casa, aunque en la casa ésta hay otros amos también, que son sus hijos, sus nueras y sus nietos, el amo más amo es él, que fue el primero, los otros vinieron luego. Mi madre me dijo que manda más que nadie, más que el alcalde, que el cura, que todo el Ayuntamiento y que todos, casi que como los civiles, y hasta más, acaso. Pero yo aquel día no le conocía todavía al amo, ni sabía que le tenía que conocer, pensaba que nunca le vería, cuando mi madre me hablaba de él lo decía todo en voz baja, como si estuviéramos en misa, yo le dije, ¿por qué me hablas así de bajo? y ella me tapó la boca con la mano, me hizo daño y encima no me contestó, no dijo por qué hablaba así, es que no contesta nunca, o contesta despropósitos. Así es casi todo, por aquí.

Manda tanto el amo que cuando la guerra que hubo, hace mucho tiempo, ni había yo nacido ni nada, y madre dice que ella era una chiquita, sólo se acuerda del bombardeo aquel, el amo mandaba tanto, que hizo matar a todos los que le acomodó, con sólo señalar con el bastón, decía el Gallo eso, que lo recuerda muy bien, que ya era mozo, y fue a filas, dice, que es pegar tiros al enemigo de Dios y de la Patria, aunque no mató a nadie, él dice que no cree que mató a nadie. Ya no hay guerra, pero el Gallo dijo que aunque no haya guerra, el amo sigue diciendo éste quiero, éste no quiero, como entonces, como yo con las moscas que tengo buen tino, a ésta quiero, a ésta espachurro. Y todavía ahora dice el Gallo que el amo dice, éste que se quede, éste que se vaya, éste bien, éste mal, aunque ya no los matan, ya no hay guerra. Quién pudiera ser el amo, ojalá yo pudiera decir eso, esto no quiero, esto sí, ahora mismo me marcho, no quiero vivir con éstos, me vuelvo a la Escuela, que resucite la tía Vitorina aunque me pegue, que más daba, teníamos la huerta y el árbol, para nosotras solas, aunque fuera del Municipio, y había una fuente, también, donde bebíamos. Pero ca, eso no puede ser, ni el amo podría una cosa así, el amo ni es Dios ni nada del cielo. Sólo que pienso si a lo mejor

Luton Sixth Form College
Library

cuando crezca, a lo mejor, me hago señora, y po-
dré hacer lo que me dé la real, pero me lo callo,
porque un día que le pregunté, a mi madre, ma-
dre ¿yo voy a ser señora? ella no dijo nada, pero
el Gallo que se estaba bebiendo el vaso vino que
mi madre le da cuando viene con las cartas, dijo
el Gallo riéndose, sí, tú vas a ser señora de la
escoba y el cazo, eso serás tú. Y estaba entonces
también en la cocina la otra criada, la que hace
las camas y quita el polvo y otras cosas, la Ernes-
tina que la llaman, y le dijo, mira que eres, Ga-
llo, con esta inocente ya podías morderte la
lengua.

Página cinco

A lo primero de todo sí que era inocente, pero
para entonces, para ese día, yo ya había pegado
la oreja a muchas puertas y a todo lo que decían
en la cocina y en la plaza, donde me llevaba la
Ernestina a comprar la verdura y la carne, y para
aquel día yo ya me había enterado de que yo era
la hija del amo, bueno, una de las hijas, y tam-
bién que a mí no me querían ver ni en pintura
las otras hijas del amo, que no eran hijas de coci-
nera, como yo, sino que tenían de madre a doña
Asuncioncita. A doña Asuncioncita se la veía
poco, pero una vez yo sí que la vi pasar, cuando

iba a misa, despacito, como si se fuera a verter, y todos la miraban mucho. Antes, cuando la escuelita y la tía Vitorina, yo no hubiera entendido ese lío de hijas, que como iba a ser eso si mi madre no estaba casada con el amo, que era doña Asuncioncita la que estaba casada. Pero ahora ya lo sé casi todo, las cosas de la gente, y de la vida, y todo, que no es eso como antes me creía yo, porque para eso somos como las gallinas, o los gatos y perros, que ni se casan ni nada, no se necesita. Esas cosas las aprendí aquí, pero aquí no hablo con nadie, a nadie le digo nada, ni a Ernestina que es la buena, la mejor, y me tiene cariño, que se le nota, pues ni a ella le diría nada.

Por eso aquel día ya sabía yo para qué me quería ver el amo a mí, porque era mi padre, y yo nunca le había visto, era muy viejo, un vejestorio, decía Ernestina en la plaza cuando se creía que yo leía el Capitán Trueno y no lo leía, que miraba los santos y escuchaba, que se puede hacer a la vez, eso decía, un vejestorio así y que nos traiga a todos en danza, el tío asqueroso, no se morirá de una vez. Y por eso bajó la señorita Leopoldina, que era el ama de llaves de la casa y valía mucho, y la querían mucho doña Asuncioncita y todas las hijas del amo, las otras, porque era agradecida, decían, y decía mi madre, lo que tiene el ser pobre, ya se cobran el haberla recogido, ya, que no para, hala todo el día, como una mula, y amargándonos a los que estamos debajo, recontra con la condenada, eso decía mi madre cuando venía Leopoldina a regañarla, que era muchas veces, y cuando le tomaba la cuenta y no salía, que también. Y cuando vino la señorita Leopoldina a por mí, a que me viera el amo, por curiosidad solo, ya sabía yo todo eso. Y también sabía que ella era soltera, pero no igual que mi madre, sino de las de verdad, y era muy limpia y no era muy fea pero tenía unos pocos pelos por el bigote, y yo le notaba que me tenía rabia aunque le parecía guapa, y a lo mejor por eso. Aquel día me cogió de la mano, y yo notaba la rabia que me tenía en cómo me la estrujaba y me tiraba del brazo, escaleras arriba, sin resuello ni nada en los descansillos, como si yo fuera a quejarme, qué más hubiera ella querido, que yo me quejara, pues no, que nunca, nunca, digo nada a nadie.

Página seis

Entonces llamó a la puerta del amo con los martilletes de la mano y dijo cerca de la cerradura, tío, tío, le traigo a la Celestina. Luego empujó la puerta, y a lo primero no se veía, había mucho olor a botica y a cama sin ventilar, me metí las manos en los bolsillos del delantal y

Leopoldina, que todo lo veía, que ya decía Ernestina, no se le escapa una a la condenada ésa, no se le escapa el vuelo de una mosca, fue y me dijo, saca las manos en seguida. Luego, ris, ras, corrió las cortinas, entró luz, abrió otra puertita y lo vi, al amo. Estaba muy viejo, llevaba una camiseta amarilla con un botón sin abrochar debajo del cuello, que tenía con muchas venas, como un árbol que yo conozco. Entonces pensé, ¿pues a quién me parezco yo? porque éste es también un rato feo, y además con la cabeza calva, sólo un poco pelos por arriba de las orejas, pero muy largos, que otros días después, cuando le vi peinado, vi que eran para pasárselos por encima de la calva y tapársela un poquito. Aquel día tenía toda la cara llena de pinchos grises y no llevaba la dentadura puesta todavía, así que no me pudo parecer peor. Me dijo, aquel día, ven, mujer, ven, no tengas miedo. Pero yo no tenía miedo, lo que tenía era otra cosa, me parece que como asco, pero no del todo, del de vomitar no, de otra clase que pone peso en el estómago, y no tenía ganas de echar a correr, como casi siempre, sino que quería quedarme allí para mirarle y ver por qué, por qué tenía yo que ser hija suya y no de otro cualquiera, que le pegara más a mi madre, como el Gallo mismo, sin ir más lejos. Pero nadie entiende esas cosas, no porque yo sea todavía menor, es que nadie las entiende, ni los maestros, ni nadie. Así que fue aquella mañana cuando le conocí al amo, que era mi padre, y me estuve con él tanto rato.

Página siete

Porque el amo le dijo a la señorita Leopoldina que se fuera, que quería estar conmigo solo y hablarme de una cosa, y yo noté que menudo coraje le daba a la señorita Leopoldina, pero se aguantó y se fue. Y no era verdad, el amo no tenía ninguna cosa que decirme, no me dijo nada, así que se fue la señorita Leopoldina se dio la vuelta en el sillón y se estuvo dormitando, aunque no del todo, porque al ratito ya se daba con el abanico, como para refrescarse un poco.

Al primer rato me aburrí, y me puse a tocar todas las medicinas que había encima de la mesa, tantos frasquitos de colores, y cajitas, y entonces él abría un poco el ojo y decía: ése, para el dolor, eso para el corazón, eso, supositorios, y de todos decía, luego, ¡Puá! ¡majaderos! y se reía. A mí me hacía gracia y también me reí, y vi que le gustaba que me riera, me miraba por el rabillo del ojo, hasta que me pareció que se había dormido de verdad, y me fui.

La maestra doña Eduarda no era como doña Asuncioncita, a la tía Vitorina la quería mucho, y hasta a mí me quería, que me tenía gratis en la escuela. Pero claro, cuando la tía Vitorina se murió, ya no me podía tener allí, y dijo, yo no la puedo atender a esta criatura, y a la mujer que venga a servirme a mí, harto tendrá con las faenas propias de la casa, no la voy a encomendar a la cría, así que se vaya con su madre, que es con quien debe ir. No sé por qué decía todo el mundo eso, que vaya con su madre, que es con quien debe estar, porque me parece que a mi madre no le traigo más que líos y jaleos, que desde que estoy aquí en esta casa no la dejan vivir las hijas del amo, que aunque sea también mi padre, no es como si fuesen mis hermanas, es otra cosa diferente. Lo que todavía no entiendo es todo lo que le achacan a mi madre, como si tuviera muchas culpas que pagar, o como si mi madre fuera a quitarles a ellas algo, pero ¿qué es lo que les puede quitar?, si sólo hace que servirlas. En cambio la Ernestina, dice, tanto como le quitan a tu madre, ladronas, que por ellas estaría en el arroyo, si no fuera porque a pesar de todo lo malo que es, el viejo manda aquí todavía, que menudo es el tío para llevarle la contra, viejo y todo, y más podrido que está que la puñeta. Eso dice la Ernestina, es tan gracioso oírla, hay que esconderse para que no vea cómo me parto de risa.

Pero por fin fuimos el domingo al mar, y lo vi. Estaba lejos, donde dicen la playa, y había muchos bares al borde, y olía a frito, conque la Ernestina, que venía con nosotras, dijo: vamos a sentarnos aquí, a bebernos un quinto, que ya está una reventada, y nos sentamos en una mesa, y ellas se bebieron el quinto, y me pusieron a mí dos dedos en otro vaso. Andaban por allí muchos perros, y un gato lleno de unto y muy gordo, se conoce que comía mucho. Era un domingo muy distinto de cuando la tía Vitorina, porque en los domingos de la tía Vitorina íbamos al cine, donde echaban películas que ella no entendía, y me decía, cuéntamelas, cordera, cuéntamelo, que no lo alcanzo. El cine, es un poco raro, sin acabarse una cosa ponen otra encima y se pierde el hilo un poco, como cuando allí, en el pueblo, el tío Julianón quería contar algo y se ponía a mezclar todo lo que contaba y lo que pasó cuando la guerra aquélla, y todos se partían de risa, porque está medio loco, y los chicos le ponían botes, a veces, colgados de la blusa. En cambio en el cine nadie se ríe, hasta lloran y todo, pero daba lo mismo, lo que yo no entendía me lo inventaba para contárselo a la tía Vitorina, y un día nos oyó doña

Eduarda, ella sí que se dio la gorda de reír, y dijo, vaya, sois tal para cual. Pero nada de aquí es como allí, sólo el mar me gustaba el domingo, sólo hacía que mirarlo y ponerme de puntillas, hasta que mi madre me dijo, estate quieta, y Ernestina dijo, es que le llama la atención la playa, anda Celestina, vente conmigo, vámonos para que la veas de cerca. Pero mi madre dijo que no, que se hacía tarde, y sacaron el dinero del bolso para pagar, y nos fuimos otra vez a casa, qué coraje me dio.

Página nueve

Pero ha pasado una cosa mala, fue que el amo estaba gritando allá arriba, solo, sin que le oyeran, porque había un incendio en la calle y todo el mundo corría. Entonces yo subí las escaleras, que ya sabía su habitación por aquel día, empujé la puerta y lo vi, que estaba morado de rabia de que no le contaba nadie lo del incendio. Fui yo, hice ris, ras, en las cortinas, como lo vi a la señorita Leopoldina y se lo conté todo al amo, que era mi padre, y más cosas aún, como hacía en el cine con la tía Vitorina. Al amo le gustaba mucho lo que yo le contaba, casi se olvidó, y yo también, del incendio. Le dije, luego, si quiere usted le voy a contar una película, bueno pues la cuentas un poco a ver si me gusta, dijo él, y si no, empiezas otra. Pero le gustó en seguida, y cuando terminé me dijo, ahora vete para abajo, pero vuelve alguna vez y me cuentas más, vete haciendo memoria.

Así que subí dos veces más, le gustaban más las de cinemascope, era porque a mí también me gustaban, se veía el campo entero y los caballos, todo mejor, con los colores, y con lo que ponía yo de mi parte salían bien, como no le iban a gustar, hasta a mí, me parecía que las veía. Entonces pasó que la señorita Leopoldina entró en la segunda película, y se quedó verde de rabia, que lo noté, y el amo le dijo, mira Leo, que la llama Leo, que suba ésta todas las tardes, que ésta me lo cuenta todo, no como vosotros, que me tenéis como un mueble. Así lo dijo, y la señorita Leopoldina se puso entonces muy colorada, y luego se le pasó el sofoco y dijo, bueno, tío. Entonces el amo, que nunca decía casi nada, va y dijo, sabes Leo, esta niña cómo se parece a su madre, cuando la encontré allí, en el camino, medio loca de miedo por las bombas, es igualita que ella, cuando la cogí y la subí al camión y la llevé a casa, tú no puedes acordarte, no estabas aún aquí, aún vivía tu madre, pero sí, es igual que ella, cómo se me agarró a la manga del uniforme, y yo le decía, chiquita que me vas a arrancar los galones. Luego el amo se echó a reír, y como se había puesto la dentadura parecía mejor. Leopoldina me arrancó casi el brazo escaleras abajo, y yo la veía que ni podía respirar de tanto coraje, se conoce que no quería que se dijese que mi madre fue guapa, porque estaba claro que si se me parecía, es que fue muy guapa.

Pero la cosa mala es que aquella mismita noche, dijo la Ernestina a mi madre, atiza, menuda se armó, parece que la cría ha estado con el viejo arriba, sin que nadie lo sepa. Mi madre me miró, me parece que estaba asustada, pero la Ernestina dijo, hala y que se chinchen, las tías ésas. Porque a todo el que le tiene bola, la Ernestina le llama tío, o tía. Y dijo, luego, han estado armando lío, que si sois unas lagartas tú y la cría, que si son cosas de la chochez, a saber qué saldrá, pero tú no te acalores, al tiempo se verá. Y no había pasado ni una hora aún, cuando bajó a la cocina la señorita Inmaculada, que es la más joven de las hijas del amo, y bajaba con un niño que tiene, en brazos, aunque nunca lo lleva en brazos ella, que para eso está por las tardes Isabel, una niñera que tiene quince años. Pues en cambio ahora lo traía ella, y el niño pateaba y gruñía un poco, se conoce que la extrañaba, y ella fue sin hablar a mi madre y la sacudió una torta en toda la cara. A mí se me cayó la cuchara, porque había empezado a cenar en aquel momento, me agaché a cogerla y ya no subí otra vez, me quedé allí acurrucada, pero oí que decía, a este hijo no le van a quitar lo que es suyo unas puercas como tú y tu hija, apestadas, que sois dos apestadas, que os tiene que sufrir mi pobre madre en su misma casa, la pobre mártir. Entonces me acordé de los cochinos que allá en el pueblo, donde la escuela, tuvieron la peste, y hubieron de quemarlos en la plaza, y subían las llamas y todas las calles olían a tusturrones, y pensé que a mi madre y a mí nos harían lo mismo, si pudieran, la Inmaculada y las otras, y quien sabe si doña Asuncioncita también, a pesar de que decía el Gallo que tenía sangre de horchata, y que bien le estaba lo que le estaba por sólo pensar en el dinero y en misas, que por todo pasaba con tal que se muriera el viejo, que era el amo, para heredar.

Cuando vi los pies de la señorita Inmaculada que se iban y oí que se alejaban los chillidos del niño, que también debía estar asustado, salí de debajo de la mesa y la ví, a mi madre, que se había sentado, pero no por cansada, sino como si no pudiera tenerse de pie, con el pañuelo apretado a la cara. Me acerqué despacito, ella parecía que no me veía, ni a mí, ni al gato, que la estaba haciendo runrunes en el pie, ni a nada, y pensé que mi madre tenía miedo, o pena, y la quise. Entonces ella dijo, ronca, no parecía su voz, dijo, anda, vete a la cama. Y me fui.

Página diez

Ha pasado mucho tiempo desde que cogí el cuaderno para cuentas, luego ya no apunté la vida, no había cosas para decir, todo era igual, siempre había gritos en la cocina por algo, pero ya no me llamaban tanto la atención como a los primeros tiempos, cuando todo era nuevo. Así que pensé que para qué apuntar la vida, si no tenía interés. Ya lo sabía todo lo que tenía que saber, y ya no había ninguna noticia, todo cosa vieja y sabida, conque no lo toqué más el cuaderno. Pero hoy lo vuelvo a sacar de bajo el ladrillo del cuarto de las arañas, le he sacudido el polvo, y ahora que mi madre duerme y en la cocina sólo está el gato, a la lumbre, en la mesa me acomodo bien, y vuelvo a escribir la vida.

Todo ha sido porque el Gallo le estaba diciendo a la Ernestina una cosa, que yo la oí, porque ellos no sabían que yo estaba con el gato en el lavadero. Le dijo el Gallo a la Ernestina, que le había dicho el sacristán de la Parroquia, que le dijo que el amo quería hacer el testamento, y que todo se lo dejaría a mi madre, y la Ernestina dijo, pero quita allá, eso no puede ser, doña Asuncioncita y los hijos, todos tienen más derecho, y dijo el Gallo, sí, pero sólo lo justo, lo justo, la parte gorda va a ser para ella, y dijo la Ernestina, y tú ¿cómo lo sabes?, y dijo el Gallo, que sí, que el Sacristán lo sabe, que el viejo llamó a don Leandro y al notario, y que la va a reconocer a la Celestina, y todo lo demás.

Entonces se fueron para dentro, y ya no oí más pero me quedé que parecía que ya no podría nunca respirar, me apretaba el vestido debajo de los brazos, y pensé que ya hacía tiempo que me reconocía el amo, como no iba a reconocerme que era su hija, si dice que me parecía a mi madre, cuando lo de las bombas. Así que luego sentí una cosa por dentro, como calor muy bueno, porque yo ya la quería, a mi madre, ahora, ya la quería, y más aún la quería cuando la veía que se quedaba quieta en un rincón y pensando, con los ojos muy juntos. No sabía yo que se podía querer como yo la quería. Aunque no lo entendí del todo al Gallo, sí saqué en limpio que el dinero del amo iba a ser para mi madre, cuantito que el amo se muriera.

Fue al día siguiente cuando la niña de la señorita Aurora, que era la hija mayor del amo, vino del colegio para las vacaciones, y desde que me vio que me decía, de lejos: bruja, bastarda, bruja, bastarda, que yo no la entendía lo que era eso, pero le pregunté al Gallo, y el Gallo dijo, no hagas caso, sandeces de esa flonflona. Y por la manera que lo dijo supe que era un insulto muy grande, en seguida me di cuenta por como me lo dijo, y sentí dos cosas, rabia por lo que me llamaba la hija de la señorita Aurora, y risa porque la llamaba el Gallo flonflona, que sí que lo era, una flonflona, tan gorda, tan corta y con sus muslazos. Se ponía debajo la escalera y cuanto que yo pasaba ya empezaba, pero yo como si no la oyera, que le daba más rabia. Conque a los pocos días me vio con el gato, y se acercó, y me dijo, qué bonito gato, ¿es tuyo?, sí, le dije, porque me había dicho mi madre que no era de nadie, que un día entró y ella le daba las sobras, pero que ser, lo que se dice ser, no era de nadie, así que me lo quedé. Déjamelo, dijo la flonflona, y le dije, bueno, porque no podía decir que no, y me quedó zozobra cuando la vi que se lo llevaba. Y ahora he cogido el cuaderno otra vez, porque me muero por dentro, que la flonflona le ha dado una bola de carne al gato, con cristales rotos mezclados, y el gato se me ha muerto ayer, en las rodillas, retorcido y con la boca llena de espuma colorada.

Página once

Ya te vas a acordar de Celestina, Flonflona, ya te vas a acordar de Celestina.

Página doce

A lo primero estuve un día escondida, para que no me vieran la pena que tenía, pero rumiando bien, y ayer, por la tarde, pensé, sólo me queda un día, mañana se va otra vez a su Colegio así que si no es hoy, nunca, y he hecho lo que ella, me he escondido debajo de la escalera, y cuando bajaba cantando, he salido y la he tirado al suelo, qué piernotas tiene, la tía, la tía, ahora sé por qué la Ernestina llama tíos a los que no quiere. Cómo me gustaba arrearle, montada encima de ella, a la flonflona, y decirle, so tía, so tía, la he dejado morada. Conque luego salí arreando, me escondí en el lavadero, allí nadie me encuentra, y oía los gritos.

Pero cuando he salido, por la noche, mi madre estaba llorando, por fin, por fin la he visto llorar, es como si reventara pus, como aquella herida que yo tenía y la apretó la tía Vitorina, y por fin dormí. Pero me ha dicho la Ernestina: ya serás desgraciada, cacho bruta, la que has armao. Es que mató a Gaturrín, le dije. Quita allá con tus gatos, dijo la Ernestina, cacho bruta, y vi que también lloraba, pero de rabia, y dijo, ya podías tener paciencia, ahora os han echao a la calle a las dos. Y si tuvieras paciencia, pero no, ahora a la

calle las dos, y verás lo que ese tío viejo dura
aún, que ése no se muere nunca, ya lo verás.

Pero no nos han echado, y el Gallo, se ha en-
terado de todo esta mañana, y ha dicho, qué han
de echaros, mujer, ésas no se atreven, la que ar-
maría el viejo, ésas no se atreven.

Página trece

Fue ayer cuando nos acostamos y ya estaba
apagada la luz, que le dije a madre, madre, dime,
¿por qué no nos vamos de aquí, si nadie nos quie-
re?, y ella dijo, no nos vamos, Celestina, yo ya sé
lo que hago, calla y duerme. Pero como estaba a
oscuras ya no me daba vergüenza, le dije, madre,
lo dices porque el amo es mi padre, pero yo no le
quiero. Y entonces ya no oí nada más que el res-
pirar de mi madre, que se había encogido en el
borde de la cama, y alargué el brazo y le acaricié
la espalda, y ella se echó a llorar bajito, lo nota-
ba por como se movía, y yo sentía un odio enor-
me por la Flonflona en aquel momento, cómo me
acordaba de la Flonflona, y dije: madre, vámonos
de aquí. Entonces ella dijo: mira, calla, Celestina,
hija, ten un poco paciencia, quién sabe cuando tu
padre se muera. Y yo dije: ¿es que vamos a ser
ricas cuando se muera? y ella dijo: calla, calla,

Celestina, por Dios y por los santos, cállate y duerme, no me hables nunca más de eso.

Pero ahora lo sé, que cuando se muera, vamos a ser ricas mi madre y yo, y nos iremos de aquí, y he pensado, que nos podríamos comprar una casa, allí donde le dicen la playa, donde el mar. Y a lo mejor le decimos que se venga a vivir a la Ernestina. Y a lo mejor, al Gallo también.

Claro que todo el mundo lo dice, que ése no se muere nunca, que tiene tantas vidas como el diablo, que nos enterrará. Eso dicen, pero qué saben ellos.

Página catorce

Se me ha ocurrido cuando se ha roto la botella del vinagre, se ha escurrido del estante y se ha caído al suelo y se ha hecho añicos, cuánto brillan los añicos verdes, que bonitos son, parecen de sortija. Pues entonces se me ha ocurrido, y la he mirado a mi madre que estaba de espaldas y tenía yo una alegría tan grande por lo que se me ocurría que casi reventaba.

Cuando ha bajado la señorita Leopoldina a por la bandeja de la comida del amo, no se notaba nada, qué artista soy, como dijo el Gallo el día que me vio dibujar en la pared del lavadero.

Página quince

No sé por qué no me la dejan ver, no sé por
qué nos tienen que separar, ahora él ya está
muerto, si se murió casi en seguida, no sé por qué
me van a llevar allá donde ella no quería que fue-
se, aunque tuviera el nombre bonito, ahora yo
tampoco quiero ir, quiero estar con ella, cuando
ella me dijo, ingrata, ingrata, ahora me duele
dentro acordarme de que le dije que daba lo mis-
mo aquí que allá, y ahora por qué no me la dejan
ver, quién se la ha llevado, a dónde, qué es lo que
dicen que ha hecho, por qué llora Ernestina do-
blando mi ropa, qué pasa, no entiendo nada, a
dónde me llevan a mí, dónde estará ella, yo ya la
quería, cierro este cuaderno, la vida no la puedo
apuntar más. Tengo sed.

...estoy solo entre materias desvencijadas,
la lluvia cae sobre mí, y se me parece,
se me parece...

PABLO NERUDA.

IV

NO TOCAR

A L principio, la madre le compró algunos juguetes, que la niña agarraba con la mano izquierda, levantaba gravemente hasta la altura de los ojos y observaba con cierta ensoñación. Luego, escarbaba con sus uñitas en ejes, junturas, ruedas y ensambles. En ocasiones, se hacía con un destornillador, martillo o navajita.

Todo esto no era demasiado raro, aunque a la madre le preocupase. Oía quejas parecidas, expuestas por dolientes madres. Pero nunca con tan matemática y casi imperturbable insistencia.

La niña era alta, de pelo negro y liso, ojos redondos y piernas cubiertas de cicatrices, parches y postillas. Andaba siempre de un lado a otro, con aire vago, tocando lo que no debía, manchándose, hiriéndose, rompiendo, metiendo los dedos en lugares inadecuados. Desde siempre —desde que la miró, recién nacida— la madre experimentó sensaciones distintas a las que, según había oído, inspiraban los hijos. Fue como si en aquel momento se estrellaran todas las teorías leídas o escuchadas acerca del sublime sentimiento de la maternidad. Aquel ser no tenía mucho que ver con ella.

No es que no quisiera a la niña. Naturalmente, al principio, su amor era confuso, una contradictoria mezcla de asombro, soterrada alegría, susto, y una cierta pereza ante los acontecimientos. Pero estaba claro que aquella criatura no era el famoso "pedazo de su carne" que tan prolijamente le fuera ponderado como el máximo premio a alcanzar en una femenina vida. Lo que estaba bien claro era que aquel pedazo de carne —no demasiado hermoso en honor a la verdad— era en sí mismo su propio e intransferible pedazo de carne.

La niña se llamó Claudia, por ser este nombre el de una heroína de novela que a la madre le gustó, en su ya lejana adolescencia. Pero de aquella romántica Claudia de sus admiraciones, la nueva Claudia no heredó nada. Resultó una niña (aunque este epíteto no se lo confesara la madre abiertamente) prácticamente funesta, que muy pronto dio señales de un carácter especial.

Entre otras cosas, Claudia comía desaforadamente. Estaba provista de un estómago envidiable, aunque su paladar no pudiera calificarse de refinado: le daba lo mismo una cosa que otra. Primero, contemplaba el plato con expresión concentrada, no exenta de cierta melancolía. Y luego se lanzaba sobre él, y lo reducía a la nada.

Durante los primeros años, la madre luchó con Claudia, intentando inculcarle ciertos modales, explicarle lo que se tiene por comer bien y comer mal. Hasta que, fatigada, hubo de contentarse ante la idea de que Claudia, en puridad, no comía mal. Simplemente, fulminaba la comida, como fulminaba cuanto se pusiera a su alcance. Y como era de gran agilidad y rapidez, trepaba y llegaba a donde nadie imaginaba treparía y llegaría.

A los ocho años, la madre llevó a Claudia a un psiquiatra. Salió de allí llena de confusiones. No creía haber frustrado a Claudia, ni haberle prohibido algo demasiado severamente, ni que su clima familiar perjudicara a la niña, pues tanto su marido como ella eran vulgares y sanos. No recordaba ni tenía noticia alguna de abuelos sádicos, inventores o poetas. Todos fueron modestos comerciantes, sin demasiada ambición.

Claudia entró y salió del psiquiatra sin inmutarse. Poco habladora, persiguiendo seres y objetos con la mirada de sus ojos amarillos (que, a veces, se teñían de una profunda melancolía) sufrió con aire ajeno tests, provocaciones, caricias y análisis.

En ocasiones, al parecerle que Claudia se sumía en una misteriosa, recóndita tristeza, la madre indagaba:

—¿En qué piensas, Claudia?

La niña no solía contestar. Mirábala con sus duros ojos, y sólo una vez manifestó:

—Tengo hambre.

Como era de esperar, Claudia creció.

A los catorce años, Claudia era más alta que sus padres, y, al contrario de éstos (de clara tendencia, ambos, a la rechonchez), Claudia resultó delgada, flexible. Sus ojos se oscurecieron raramente; o así lo parecía, como hurtándose tozudamente de la luz, en perenne y particular penumbra. Con brillo propio, de astro vivo, o ave nocturna. Ya no tenía pupilas amarillas: se tintaron de caoba, transparente y densa a un tiempo, como ciertos vinos añejos. Muy a menudo sus ojos pareçían negros.

Claudia tenía la nariz corta y los labios abultados, voraces. Andaba con torpeza, no exenta de una languidez bastante elegante. Tenía hombros flacos, en modo alguno angulosos, cuello largo, casi inmóvil, como una columna, pues rara vez miraba atrás o hacia los lados. El pelo, brillante, casi compacto de tan suave y lacio, enmarcaba con desmayada indiferencia, su óvalo de pómulos insolentes. Pero no era fea, y la madre lo notaba,

105

puesto que las llamadas telefónicas de los muchachos menudeaban, y siempre había un jovencito o dos dispuestos a invitarla al cine, a helados o a una fiesta. Claudia aceptaba, nunca tenía negativas para ellos.

Una vez, dos chicos se pegaron, por su culpa. Claudia esperó que saldaran cuentas, trazando rayas con un palito en la arena del jardín. Luego, se informó del vencedor y se fue con él.

La madre sufría por Claudia, pero el padre decía:

—No debes preocuparte, es una criatura fuerte, llena de personalidad. Es inteligente, es atractiva. Deberías alegrarte.

Pero, a juzgar por sus notas escolares, Claudia no era particularmente inteligente. Por lo menos, parecía inmersa en una vasta indiferencia, rota únicamente para aplicarse, con madura fruición, a la destrucción de objetos. Sus manos estaban dotadas de singular agilidad para desencuadernamiento de libros, pulverización de cristales, desencoladura de muebles, fundición de plomos conductores de electricidad y provocación de cortocircuitos domésticos.

Si algún enser merecía su especial atención, posaba en él sus ojos, súbitamente soñadores, permanecía un segundo en curioso éxtasis, y lo hacía desaparecer. Devoraba sin cuartel cuanto se interpusiera entre su apetito y ella, pero nunca recordaba lo que acababa de comer. Curiosamente, no engordaba.

Poco a poco, los muchachos se alejaron de ella. Cuando cumplió diecisiete años, sólo algún audaz o ingenuo se atrevía a invitarla.

Claudia trataba a los muchachos con indiferente corrección. Era más bien dócil, y corría el rumor de que era chica fácil. La verdad es que no tenía amigas, ni amigos. Las muchachas la aborrecían, los muchachos parecían temerla. Aunque la rondaban de lejos, le enviaban insultos, la llamaban en las noches del verano, ocultos en los jardines o azoteas de la vecindad. Llamadas que Claudia oía, la cabeza alzada, reposadamente; igual que oía los maullidos de los gatos, las palmadas que reclamaban el sereno, la lluvia nocturna y estival sobre la acera. No conocía la amistad, ni el amor, ni parecía haber oído hablar jamás de estos humanos acontecimeintos. Sólo la rodeaban abrasadores gritos, como fuegos fatuos, allí donde iba. Despertaba violencia, alguna amarga pasión, y en ocasiones odio. Pero a ella no la afectaba ninguna de estas cosas, y pasiones y seres eran olvidados antes de conocidos.

Cierto día, la madre encontró un cuaderno donde leyó, escrito con la caligrafía lamentable de Claudia, cosas que en un principio no entendió, pero que, poco a poco, fueron aclarándose:

Luis el tonto, Ricardo, Esteban el gangoso, José María el guapo.

Dos transistores.

Veintitrés libros y un par de folletos turísticos.

Ocho encendedores.

Cuatro navajas.

Una silla (vieja).

Ochenta y dos bombillas de 220 voltios.

Un espejo.

Continuaba una relación misteriosa: proteínas, calorías, grasas, glucosa, fosfatos, magnesio, seguido de cifras, tantos por ciento, y otras operaciones aritméticas que ya no alcanzó. Pero, al volver la última página, leyó en letra más menuda: *consumiciones en el año saliente.* Y firmaba: *Claudia.*

La madre guardó el cuaderno, en secreto, un par de días. Al cabo, consultó a su marido, aunque sin mucha esperanza:

—¿Qué puede ser esto, Anselmo? Esta niña me volverá loca...

Aquella noche, llamaron a Claudia:

—Hija, estamos preocupados contigo. No eres una niña como las demás.

—No soy una niña —dijo Claudia, mirándose una uña.

—Bueno, como quieras. Pero lo que buscamos es ayudarte, entenderte...

Vanamente, esperaron encender una emoción en aquellos ojos casi negros. Al cabo de un rato, sus palabras sonaban huecas, vanas, y se dieron por vencidos. Comprendieron que todas las palabras, todas las que ellos conocían, serían para Claudia sonidos estériles, sin sentido alguno. Lo único que existía, la única realidad visible de Claudia eran sus pupilas, súbitamente bellísimas, que parecían adueñarse del mundo; de todos los sonidos y destellos, de los rumores y los ecos más lejanos, de vacíos, ausencias y presencias. Se sintieron minúsculos, insignificantes, como dos hormigas intentando escalar el techo del cielo, ante aquella negra y altísima mirada.

Claudia se fue a la cama sin hablar. La vida continuó.

Cuando Claudia cumplió dieciocho años, un hombre manifestó su deseo de casarse con ella. Claudia dijo que sí, aunque no le conocía mucho. En realidad era el primer hombre que le pedía una cosa semejante.

Los padres sintieron inquietud y alivio a partes iguales. Pero pocos días antes de la boda, don Anselmo cogió a solas a su futuro yerno. Rodeó su pregunta de lo que suponía inteligentes y delicadas maniobras:

—¿Y tú por qué te quieres casar con Claudia, querido Manolo?

Manolo respondió con rapidez que traslucía anteriores y nada fútiles meditaciones:

—Porque es la criatura más perfecta que he conocido.

Don Anselmo se quedó pensativo. Luego, a la noche, se lo contó a su mujer:

—Ya ves tú, Claudia es perfecta. Tanto como nos hemos atormentado, preguntándonos por qué esto y lo otro, de su forma de ser. Ya ves, que cosa tan simple: es perfecta.

Algo vago murmuró la madre, y apagó la luz.

El día de la boda, Claudia se levantó a la hora acostumbrada, devoró su desayuno, leyó superficialmente el periódico, se dejó vestir por su madre y dos primas solteras, soportó en silencio y sin muestras de impaciencia, que le prendieran alfileres, y prodigasen extraños e inadecuados consejos. Al fin, miró el reloj:

—Vamos.

Luego se casó, y se fue a vivir lejos. Manolo, funcionario de una compañía aérea, acababa de ser destinado al Congo.

Desde aquella fecha, los padres recibieron muchas cartas de Manolo, pero ninguna de Claudia.

Manolo les contaba cosas triviales, que les llenaban de paz: que hacía calor, pero que se soportaba bien, gracias al aire acondicionado. Lo malo era al salir de los edificios. Que había muchas moscas, y otras muchas clases de animalitos, y que estaba aficionándose a la botánica. De Claudia, solía decir: "Claudia, bien". Esto les entristecía y tranquilizaba a partes iguales.

Al cabo de unos meses, las cartas cesaron. Y, cuando ya desesperaban —hacía casi un año de la boda— recibieron la siguiente misiva:

Mis queridos padres: esta carta es para mí dolorosa y difícil. Créanme que nunca hubiera querido escribirla, pero las circunstancias me obligan. Lo ocurrido entre Claudia y yo es tan singular, que en este momento no sé si puedo considerarme hombre soltero, casado, divorciado o viudo.

Ustedes saben cuánto he admirado a Claudia, que me casé con ella por tratarse del ser más perfecto con que tropecé. Yo tenía mis reservas hacia las mujeres, y puedo decir (creo que sin atentar a su pudor) que he conocido bastantes, de diverso y variado plumaje. Todas me defraudaron, queriendo inmiscuirse en mi vida. Los hombres conquistamos, las mujeres colonizan. Estaba desengañado. Pero he aquí que conozco a Claudia, y me digo: maravillosa compañera, tan correcta y dulcemente indiferente. Claudia me gusta porque toma las cosas, las devora, las olvida. Me enamora, porque no llora ni ríe jamás. Además, Claudia no pide nunca nada, y toma las cosas con la misma naturalidad que las elimina. Es hermosa, y no hace uso. Es inteligente, y tampoco. Me conviene. Así, pues, me casé, y pueden estar seguros de que he sido feliz con ella. Claudia se adaptó en seguida a este clima y a estas costumbres. Es decir: este clima y costumbres se adaptaron a ella. Devoró frutas exóticas con la misma actitud fulminadora que el jamón serrano y los huevos fritos. El mundo se somete a Claudia como un perro faldero. Claudia lo mira, lo toma, lo volatiliza. El único peligro consistía en ser, a mi vez, consumido por Claudia, pero yo *sabía*, yo *conocía*, y podía guardarme de su prodigiosa naturaleza. Conviví con ella, pero nunca me ofrecí a ella. Y Claudia no pide nada a nadie.

No obstante, llegó el día del error. Todos somos vulnerables. Cierta noche, le dije: Claudia, te adoro porque nunca te vi reír, ni llorar. Entonces, Claudia me miró, y nunca he visto ojos tan terribles. Dijo: ¿Por qué me dices eso? Y me di cuenta de que había roto el encantamiento. Era como si hubiera resucitado a Claudia, y Claudia no debía resucitar. Era como despertarla, y no debía despertar. Era, como hacerle perder la inocencia, y ya sabemos lo que dice el Evangelio de estas cosas. Yo fui el que se durmió entonces, de un modo súbito, extraño, y tuve pesadillas horribles: corría hacia la selva, hacia donde creí oír, como un potro desbocado, el azote del cuerpo de

Claudia, contra la maleza. Pero allí donde yo iba, el rumor y el azote desaparecían, y sólo hallaba ramas rotas, sangre, viento húmedo y pegajoso. Cuando desperté, mi cabeza estallaba, igual que pasa tras una borrachera. Claudia no estaba. Claudia había desaparecido.

No necesito decirles cómo la he buscado, cómo he llorado su indiferente compañía, su inocencia durísima. su amadísimo desinterés. Recordé mi sueño, el espectro de su huida hacia el corazón de la selva, y creí ver en ello un presentimiento.

He organizado expediciones de todas clases, he abandonado trabajo y amigos, mujeres y subalternos, he agotado mi dinero, mi puesto, mi porvenir, y mi salud. Creo que me tienen por loco, que ya soy una leyenda.

Pero no cejé.

Durante mucho tiempo, no tuve éxito. Al fin, un borracho, un aventurero, me habló de cierta tribu muy oculta, devoradora de hombres. Me puse en marcha, seguí su rastro, hallé la tribu, encontré a Claudia.

Claudia estaba en el centro del calvero, muy hermosa, los ojos muy abiertos, como solía. Las gentes del poblado le llevaban ofrendas: animalillos, flores, tortas, frutos desconocidos. Hombres, mujeres y niños de la tribu, y hasta sus flacos y repugnantes perrillos, adoraban a Claudia, la devoradora, y entornaban a su alrededor melodías que yo creía recordar, o que eran acaso el viento, o el fulgor de las pupilas de Claudia ante el mundo que se disponía a tragar. Los ojos de Claudia, eso sí, un tanto melancólicos, como ante un buen plato.

Llamé a Claudia con toda mi fuerza, pero ella no me hacía caso. Como soy de carácter vivo, ametrallé el poblado (al fin y al cabo consistía en gentecilla tripuda, y según oí, caníbales). Corrí hacia Claudia, la abracé, sentí cuán fuertemente la amaba, por primera vez. Y me di cuenta de que era un poste, pintarrajeado, quemado por el sol y la lluvia, clavado en el centro de la tierra.

¿Por qué me desenterraste del mar?

RAFAEL ALBERTI.

V

EL REY DE LOS ZENNOS

1

FERBE, cabrero en su primera infancia, aprendiz de zapatero a partir de los nueve años, manifestó cierta noche a Mos, su maestro, haber visto a los zennos por los alrededores de Cala Margarita.

La isla era pedregosa, con vastos arenales. Las voces de los poblados, de las mujeres que remendaban redes, los ladridos de los perros, el batir de alas de algún ave, recorrían, a ráfagas, cañizares y juncos verdes, con la frágil rapidez de ceniza aventada. De modo que Mos advirtió a Ferbe que guardara prudente silencio respecto a tales alucinaciones. Pero Ferbe no admitió que fueran tales, y se empecinó en repetir que, ya hacía algún tiempo, cuando andaba de cabrero por el interior de la isla, donde crecía el musgo y una tierna, perfumada y escasa hierba, los zennos se le manifestaron varias veces, de forma más o menos velada.

Mos volvió a recomendarle silencio. Los tiempos andaban revueltos, el origen de Ferbe y el suyo propio no estaban claros, a juicio de algunos Altos y Dignísimos, de tal suerte que mejor era callar la boca.

Durante algunos días Ferbe calló, pero una noche faltó del taller, donde solía dormir entre los sacos de recorte; y no compareció hasta bien entrada la mañana, blanco, los ojos relucientes, con arena y algas secas, de esas que el mar arroja a la playa, pegadas a la ropa.

Caía el mes de octubre, el sol maduraba y una brisa fría mató las últimas flores del huertecillo de Mos. Éste le dijo: "no se te ocurra hablar a nadie, ni a mí siquiera, de dónde anduviste".

Pero nada podía contener la lengua de Ferbe, que manifestó haber sido coronado rey, aquella noche, por los zennos. Al oírle esta vez, Mos se encolerizó, le golpeó con la vara e intentó arrancarle alguna verdad sobre los llamados zennos. Pero Ferbe no añadió nada, solo repetía, tozudo: "cuando los hombres alcancen su forma verdadera y última, los zennos ascenderán desde algas y esponjas, en lo profundo del mar; y el mar y el cielo serán uno sólo, y la verdad y la justicia reinarán; pero para ello es preciso que yo no muera, que nadie me toque, porque sólo yo fui capaz de oír sus voces, de verles y entenderles. De modo que hasta que todo eso ocurra, no debo morir; y por ello me han coronado rey, y he de hacerlo entender a las gentes".

Ninguna de estas confusas palabras, dichas en voz opaca, como por un sonámbulo, entendía Mos. Nunca había oído un párrafo tan largo de labios de Ferbe, muchacho silencioso, de cejas hoscas y aire entre abatido y rebelde. Mos volvió a decirle: "Anda con cuidado de no repetir eso a nadie, desgraciado".

Pero Ferbe no calló. Incluso fue a la Plaza del Mercado, y recitó a los mercaderes las consignas de aquellos singulares zennos que le habían coronado rey.

(No servía de nada decir la verdad; el mundo, decían, era enorme y lleno de venganza, los hombres buscaban desesperadamente víctimas con que expiar sus grandes culpas, con qué feroz e hiriente risa perseguían a sus futuros reos para arrastrarlos al sacrificio, y poder encararse al Implacable, y decirle: *mira, te vamos a ofrecer en sacrificio a este que te está dañando*. Así lo veía a veces, y callaba, y nada decía a nadie de sí mismo, de los ocultos y pacientes zennos, al fondo del mundo, en el envés del tapiz, en la trama del enorme bastidor: al otro lado de los hechos feroces. Pero ahora le habían ordenado: "tú serás nuestro rey", y ya no podía callar más, ya nadie le debía tocar.)

Mos le reprendía, temblando: "¡Vete, aléjate y sella tu boca o arderás como un candil!" Mos le tenía afecto, le tenía consigo desde niño, cuando aún olía a cabra y pastos; ahora temía por él, y también por sí mismo, y por su taller de zapatero. "Sella tu boca, mentecato, vete al monte, haz oración, calla…"

Pero en lugar de eso, Ferbe anunciaba en la Plaza del Mercado: "Soy el rey de los zennos".

Al principio oyó burlas y recibió en pleno rostro peladuras de frutas, huevos podridos, y la risa de niños y mujeres. Pero un día se lo llevaron los alguaciles, y le dijeron: "Estás ebrio, duerme aquí la borrachera", aunque no había probado una sola gota de vino. Al día siguiente lo soltaron, le dieron unos palos y le advirtieron: "anda y no vuelvas con el alboroto".

Pero Ferbe no podía callar, tenía una encomienda, los zennos le habían dicho: "aguardamos desde siglos y siglos" y él advertía: "no les ceguemos con tanta ira, estallará la ira, el mundo entero arderá, como un horrible sol, hediondo y negro".

Y a los alfareros, a los hombres que venían de las tierras del Este con sus asnillos cargados, a los que vendían verduras, vino y tejidos, les decía: "Anoche, los zennos me hicieron su rey". Y si alguien preguntaba: "¿quiénes son esos zennos?" él decía: "viven y no viven, aguardan allí al fondo, se mecen en el más profundo lugar, y claman y anuncian que treparán, llegarán a la hora precisa, y los hombres serán justos. Por eso ellos me hicieron su rey, y me dijeron: tú eres inocente, limpio, eres nuestro rey, puesto que nos entendiste. Porque nadie les había conocido antes, sólo yo".

Ferbe sufrió un nuevo arresto de veinte días y cuarenta latigazos. Al fin, le encarcelaron, le procesaron y le condenaron a la hoguera.

A últimos de noviembre, cierta mañana luminosa y fría, Ferbe fue conducido, con otros diez, al lugar señalado. Atado al poste, se le volvió a exhortar, para que confesase brujería y tratos con el Enemigo Malo, cosa que negó. También rechazó cualquier auxilio.

(Yo soy otro, no es lo mismo, tenemos causas diferentes y estoy horriblemente unido a esta muchedumbre, alguno se resiste, y solloza, y aquel grita de ira: enorme ira llena el aire del mundo, y nada de todo esto es lo mío, nada de esto soy yo. Ni siquiera tengo un lugar aparte, así me tienen, confundido, ¡cuán diferentes cuestiones quieren dirimirse, ahora! Yo le he gritado a Mos: me eligieron su rey; y nadie puede tocarme ahora.

Vendrán a por mí, se me llevarán al oculto lugar de la promesa, yo sé todo lo que humanamente puede saberse: las raíces y las últimas ramas de todas las cosas; todo lo sé yo, ahora, porque soy ignorante y necio. Dice Mos: tú, ignorante, necio, vas a perderte, calla. He hablado, así debía ser, mi condición nueva me obliga, no puedo dejar de proclamarlo: me hicieron su rey, yo soy el rey, ya nadie me toque.)

Hacia las once de la mañana Ferbe ardía. Su cuerpo prendió con gran esplendor, un brillo blanco le consumió antes que a sus compañeros, y no dio muestras de dolor ni espanto.

A las dos de la tarde un olor a carne quemada invadía toda la ciudad, una especie de niebla, negra y grasa, se pegaba a las paredes de las casas, a los árboles y a las ropas de las gentes.

El viento sopló sobre plazas y arenales y se llevó las cenizas al mar.

Los objetos personales de Ferbe, esto es, su escudilla, su cuchara de hueso, su ropa, el taburete donde se sentaba y las herramientas que usó, fueron quemados o destruidos, y arrojados al mar.

Mos lloró toda la noche. Pero, al cabo de algún tiempo, le olvidó.

2

Mario Chaqueta Verde nació marinero, y en la vejez había comprado un antiguo café-taberna, junto al embarcadero.

Algunas mañanas salía temprano, bajaba a la playa, y en los alrededores de Cala Margarita pescaba cangrejos.

Una mañana de tantas, apenas el sol se despegó del mar, vio al muchacho. Venía desde el agua hacia la arena, avanzaba con dificultad, brillaba como un astro, con el sol a la espalda. Al acercársele, vio que estaba desnudo y agotado, como un náufrago.

Mario se apresuró a quitarse la chaqueta (que ya no era verde, sino casi negra) y se la tendió:

—¿De qué naufragio eres, hijo?

Pero el muchacho nada contestó. Temblaba, empapado, brillante. Mario Chaqueta Verde le cruzó las solapas sobre el húmedo y resplandeciente pecho, le tomó la mano, raramente caliente, y le preguntó algunas cosas. El muchacho seguía silencioso, y Mario pensó que sería mudo, o estaba asustado, o había perdido la razón.

Mario lo llevó a su casa-taberna. Le dio ropa, le preparó café y le sentó junto a la estufa recién encendida, hablándole con la mayor suavidad posible.

El chico fue apartándose de la estufa, sus mejillas y labios estaban rosados, de modo que en nada recordaba las bocas azules de aquellos que lucharon en el mar por salvar la vida.

Mario Chaqueta Verde fue a dar parte de su hallazgo a las Autoridades. Pero no se tenía noticia de naufragio alguno. Por aquellas costas reinaba la paz, y el mar parecía aplacado, como un dragón dormido. Mario se dijo que acaso el jovencito sería de alguna lancha contrabandista, de las que por allí abundaban, y se arrepintió de haber hablado demasiado. Se desentendió del chico, y Gentes Responsables y Autoridades lo internaron en un establecimiento para dementes, no muy lejos de allí.

Pero Mario Chaqueta Verde no tenía hijos, y no dejaba de pensar en el muchacho. Pidió permiso para visitarle. Al fin, le vio. Le habían rapado el pelo, que traía largo, y vestía una especie de sayal muy burdo. Mario pensó que parecía un joven santo, por la ensimismada limpidez de sus ojos azules. A nada se resistía, era dócil, o tal vez, sobrecogedoramente indiferente. Le dijeron que no creaba complicaciones, que era sumiso y estólido hasta hacerse olvidar. Parecía maltratado, tenía huellas de azotes en la espalda y brazos. "Acaso —dijo el Director— fue esclavo de sarracenos, y un milagro le ha traído a estas playas. Adivino en él un tesón prodigioso." Mario no era entendido en estas cosas, pero asintió complacido, ya que nada era desfavorable al muchacho. Por otra parte, el náufrago —o lo que fuese— no parecía recordar ni desear nada. Ni sabía leer, ni escribir.

Mario Chaqueta Verde inició una serie de trámites para lograr llevarse el chico a casa. Tras algún tiempo, y ciertas condiciones, lo consiguió.

Se iniciaba la primavera cuando lo entró en su hogar. Le había comprado una vieja levita, que, aunque le venía algo grande, le daba cierto aire real. Mario le tomó de la mano, le hizo sentar y le preparó café. Varias veces le preguntó: "¿Cómo te llamas?" Pero no obtuvo contestación.

Día a día, enseñó al muchacho a preparar café en la gran jarra de estaño, a freír rosquillas y servir anís, en las madrugadas, cuando se llenaba la taberna de gentes que iban o volvían de las lanchas. El muchacho aprendió a servir y preparar cangrejos, a escaldarlos en agua hirviendo y cocinarlos en salsa aromática, según receta de la Viuda Salvadora, pariente de Mario y su más próxima vecina.

Alguna mañana, Mario se lo llevaba a las rocas de Cala Margarita, para enseñarle a pescar cangrejos. Entonces el náufrago se sentaba aparte, y miraba el mar, inmóvil, como un muerto: nada podía sacarle de su abstracción. Pero Mario necesitaba su compañía, y regresaban juntos, hacia la casa, en silencio. Posiblemente el muchacho no oía, pero si en la taberna le pedían algo, obedecía sin equivocarse. Pronto fue familiar a todo el mundo: le llamaban El Náufrago.

Alguna vez, Mario le tomaba la mano izquierda, y le decía:

—Hijo mío, tu mano es muy extraña, las líneas no se pueden leer, son movedizas como el fuego, se confunden como las llamas. No son como las de los otros hombres.

Pero luego se reía, se pasaba la mano por la frente y añadía:

—Claro que tú no eres aún un hombre...

Aunque esto era una gratuita afirmación, porque Mario Chaqueta Verde no sabía la edad del Náufrago; apenas podía adivinarla por su cuerpo flaco, desgarbado: dieciséis, o tal vez dieciocho años. Pero, ¿por qué no doce? Los ojos del Náufrago encerraban la rara inocencia que flota, a veces, como sombra de nubes, por la corteza de la tierra.

Unos metros más allá de la taberna, estaba la casa de la Viuda Salvadora, mujer que en tiempos fue mal comentada por el pueblo. Pero ya era vieja, gorda y cansada. Acudía a la arribada de las lanchas, ayudaba en la descarga y disposición de las cestas, profería especiales consignas en el cobertizo del reparto, entre llamas de acetileno. Gritaba cifras y claves con su voz hombruna, incuestionable; misteriosas órdenes y adjudicaciones. Su voz era cotizada, ahora, ya que sus nalgas pendían; sacos de arena desprendida de un antiguo y bello litoral. Aún culebreaban a su alrededor vestigios, espectros lúbricamente melancólicos; acaso tardíos despojos de un amor huido, delicado, jamás dicho. Ya, incluso, las mujeres la querían, y la llamaban con afecto: "Salvadora, ven, ayúdame en la cocina mañana" (cuando las bodas, sobre todo, porque la Viuda conocía el conjuro de remotas salsas, sólo ella podía aromatizar los guisos con especias que guardaba en bolsas de cuero, parecidas a la que Judas exhibe en la cintura). Mas, lo que verdaderamente congració a la Viuda con sus vecinos, era la existencia de su única hija, de diecisiete años, llamada Neila.

Neila salía poco de su casa. Ella se ocupaba de asearla y cuidarla, mientras su madre iba como un hombre a las faenas más duras. Neila iba creciendo como una rara flor: un tulipán o una margarita azul, en mitad de un huerto estrecho y ordinario. También Neila conocía por herencia, y poco a poco, sortilegios que perfumaban asados y empanadas, salidos de la mano de su madre. Cada año, aprendía un nuevo y raro secreto, y ya, a su edad, la madre la llevaba de ayudante. Como una tierna brujita, aparecía en bodas, bautizos, y toda clase de celebraciones. Eran parientes de Mario Chaqueta Verde, y a veces iban a ayudarle, o a comprarle cangrejos, para guisar de encargo. Siempre, la Viuda y Mario, aun en los viejos tiempos de la maledicencia, se quisieron bien.

A juicio de los hombres que acudían a la taberna, Neila resultaba, como mujer, demasiado flaca y alta. Pero no confesaban que de su pelo negro y crespo, de sus ojos verde-gris, un tanto separados, de su boca ancha y fresca, emanaba un salvaje atractivo. Neila era orgullosa, dura, y pasaba entre ellos como el sol o la luna, y jamás oyó una grosería, ni un halago.

Cuarenta y tres días después de que el Náufrago entrase a vivir en la taberna de Mario Chaqueta Verde, Neila fue con un recado, y lo vio. Sus párpados, de un suave tono rosa-mandarina, tapaban sus ojos; pero el fulgor de su mirada aleteaba, cuando dijo:

—¿Ése es el Náufrago?

Al día siguiente, y al otro, Neila volvió, con nimios pretextos. El cuarto día, el Náufrago estaba solo, fregando los vasos y las tazas, entre un vaho de humo, el pelo apenas crecido pegado a las sienes. Ella pasó detrás del mostrador, se arremangó y empezó a ayudarle.

Desde aquel día, espió momentos parecidos, para encontrarle a solas y buscar su mano, larga y ardiente, entre la espuma del jabón.

Un domingo Neila no fue a la iglesia, se fue

a buscar al Náufrago, que estaba solo. Cuando levantó la cortinilla de la puerta, los vasos centellearon en el vasar. La taberna aparecía soñolienta, se oía el golpe del mar tras la ventana, finalizaba el otoño. El Náufrago estaba de espaldas, mirando al mar.

Ya entrado el invierno, Neila dijo a su madre que esperaba un hijo. La Viuda Salvadora se lamentó con grandes alaridos: porque, decía, ella fue una mala mujer, pero, para su hija, deseaba y guardaba lo mejor de la tierra.

Llorando y jurando fue a ver a Mario Chaqueta Verde, y le dijo:

—¡Ese ingrato que has recogido, ese loco, ha sido!

Mario Chaqueta Verde dijo que no, que el Náufrago era un pobre inocente, casi un niño.

Pero Neila dijo:

—Ha sido Ferbe.

—¿Quién es Ferbe?

Mario buscó al Náufrago, y le probó, llamando:

—¡Ferbe!

El Náufrago levantó la cabeza.

—Bien —dijo Mario—. Esto lo podemos arreglar.

A la noche, dijo al muchacho:

—Mira, Ferbe, tienes que casarte con Neila.

Ferbe continuó apilando astillas en la estufita.

Desde ese momento, Salvadora, Mario y Neila se reunieron todas las noches, haciendo proyectos y cuentas, a la luz del candil.

—¿Pero cómo sabes que se llama Ferbe, cómo te lo dijo? —indagaba a veces, Mario Chaqueta Verde. Neila no podía explicarlo:

—De alguna forma me lo dijo. No puedo recordarlo bien, sólo sé que se llama Ferbe.

—Ese es un nombre antiguo, de los tiempos lejanos de la isla —decía Salvadora; que de todo conocía un poco, si se echaba la vista atrás.

Cuando buscaron al párroco, para señalar el día de la boda, y todos sus detalles, les dijo:

—¿Ferbe? Ese no es un nombre cristiano.

Lo inscribieron como Mario el Joven.

La víspera de la boda, Ferbe apiló un alto montón de leña, en la playa. Neila le miraba, pensativa. Ferbe prendió una hermosa hoguera: pero el humo que brotaba era negro, espeso y graso. La vista de aquel humo llenó de temor a Neila.

Ferbe fue acercándose a ella, con las manos extendidas. Entonces Neila se apercibió de que las manos de Ferbe resplandecían, como si tendiera hacia ella dos antorchas. Neila enmudeció de terror, pero más fuerte que su voluntad era el deseo de abrazarle, y prendieron sus ropas, y ardió viva, gritando, hacia el mar.

Al oír los gritos acudió Mario Chaqueta Verde; pero ya Neila era sólo algo negro y nauseabundo, retorciéndose en la arena; y el borde de las olas aún no la alcanzaban. Murió en la espuma del mar, que no bastó para apagarla.

Había una gran sed en torno, que nadie ni nada podía calmar, una sed que llenaba la tierra, desde las nubes enrojecidas hasta las torvas montañas del interior de la isla.

—¡Maldito seas, maldito! —dijo Mario, llorando.

Todas las mujeres y los hombres del pueblo acudieron al lugar del suceso, armados con viejos remos. Cercaron a Ferbe y le golpearon, con antigua e implacable ira, hasta que la sangre empapó la arena, y Ferbe fue una gran esponja, raramente móvil, y el agua lo alcanzó, y lo entró en sus olas.

Pero cuando todos esperaban, remos en alto, para rematarlo —porque el mar devuelve lo que no asimila— vieron cómo la extraña y roja esponja se adentraba más y más en el agua, y se alejaba definitivamente, hacia el sol.

Como aún no estaban aplacados, mataron a Mario Chaqueta Verde.

Una mujer, aún bella, perdida la primera y parte de la última juventud, vio un día al chico que cantaba en *Rasputín*, viejo molino adaptado para los turistas.

Una vez tratado, el muchacho, que tenía ojos húmedos y distantes, decía bastantes tonterías, tanto si cantaba como si no. Decía, por ejemplo: "el día que yo regrese encontraré caracoles vacíos, todo estará deshabitado, arena mojada del mar que roba todos los recuerdos. Y, cuando me agache, encontraré ecos de nombres, sombras rezagadas de hombres que ya no viven, o que jamás vivieron; pero, aun así, invento: invento la retama amarilla de las abandonadas carreteras, invento pisadas en el interior de una verde botella: (aquella, por ejemplo, que asfixió a un velero)", etcétera, etc. En alguna ocasión, cuando ella esperaba respuesta a sus caricias, él decía: "¿Cuándo será mi regreso? Acaso un crujido sobre pinocha seca, dormido al borde de un camino vedado; porque lo cierto es que no se regresa nunca, se muere uno". Ella le besaba y solía decir, aproximadamente: "Pareces tonto, hijo".

Pero suponía que el chico andaba urdiendo

sus canciones de la noche, y le nacía un vago respeto y piedad entremezclados.

Un día le preguntó de dónde venía, por su acento raro, que no identificaba. Pero él no contestaba nunca a las preguntas, como no fuera: "¿Tienes sed?", a lo que siempre decía: "Sí, tengo". E ingería cantidades de alcohol que no conseguían embriagarlo. Verdaderamente, era posible que naciese así. El cartel de anuncios de *Rasputín* le designaba como "Ferbe, Rey de la Canción Moderna".

La mujer se sintió interesada por el chico, pues ya, pocas aventuras le eran fáciles. Le regaló sortijas, brazaletes para tobillos y muñecas, chaquetas de terciopelo azul, y algunas cosas más íntimas. Apenas tocaban su piel, las piedras —falsas o semiverdaderas— parecían rubís, el oro se volvía leonado, como ascua, y los tejidos adquirían un llameante tornasol. La mujer, que había leído algo, especialmente erótico, recordaba un verso de Safo: "Me quemas", "You burn me", (era bilingüe). Pero el chico andaba absorto en componer sus canciones, y cuando ella creía que empezaba a confiarle algo: "... a mí no me conoce nadie, nadie sabe por qué me levanto y me dirijo al Este o si doblaré la esquina opuesta: porque nadie me ha visto nunca, nunca crucé ante una ventana donde estudiara un niño..." (al llegar aquí ella se daba cuenta de que estaba compo-

132

niendo) "yo nunca conocí a nadie, nunca defendí algo que fuera realmente mío, nadie podrá saltar esta corteza; nadie compartió nada conmigo, ni tan sólo palabras: nadie vino a mi casa, y si hubiera tenido yo una casa sería como un huevo, sin puertas, ni ventanas. Nadie sabe mi calle, mi rostro, ni mi nombre. Porque a mí no me conoce nadie, ni yo reconozco…" etc., etc.

Hasta que una noche, no pudo más, y le dijo:

—Vete y no vuelvas, hijo, eres un pesado.

El chico parecía esperar esas palabras, como una orden. Sonrió, y se fue.

Al poco, ella sintió un gran dolor: "no merezco nada bello, soy un ser burdo, vanidoso, un despojo; y mi corazón un gordo mejillón pegado a un buque. Voy a llamarle otra vez, pobre niño".

Pero ya no encontró a Ferbe, el Rey de la Canción Moderna, en *Rasputín*. Lo habían sustituido por un trío.

La mujer anduvo melancólica toda la noche, bebió demasiado, y se descalzó en groseras compañías. Erró por tascas y Night-Clubs de la ciudad vieja, y en El Cangrejo de Oro, enterró sus pendientes en un platito con restos de salsa romesco. El dueño de El Cangrejo de Oro la conocía, y se apiadó de ella:

—No haga usted eso, esos pendientes valen una fortuna; ande recójalos y límpielos con la servilleta.

133

No era para tanto, pero la mujer entendió que el hombre, a su modo, decía la verdad; y entre un vaho de whisky + vino tinto + cazalla con pasas, bajó los ojos con pesadumbre, y contempló con impía curiosidad la desnudez de sus pies, sucios ya, a tales horas, con ridículos e insultantes juanetes. "Soy anciana —pensó—. Anciana y sentimental, la vieja vaca del mundo, estúpida como la humanidad entera", y sin despedirse de nadie se fue, buscó la playa y se alejó, con grandes alaridos en el corazón y la cabeza erguida, rígida, como buen soldado.

Pasó bajo las rocas donde vivían en cuevas gitanillos de vientre oscuro, mujeres justicieramente feroces, hombres de tristeza errante, macetas de geranios, pájaros de plata... "No voy a componer canciones, eso no, sería lo único que me faltaba". Cortó el hilo de sus divagaciones, y se halló sobre la arena, sucia en aquel tramo de la playa.

Entonces vio a Ferbe, el Rey de la Canción Moderna, de cara al mar, como si mantuvieran un diálogo. Corrió hacia él, con súbita alegría bastante alcohólica: alegría que le regresaba desde sus primeros años. Pero Ferbe no la oía cuando ella le llamaba, ni la veía, cuando se arrodilló a su lado, ni la sentía, cuando empezó a acariciarle, pidiéndole que volviera, que no había pasado nada, que volviera. Hasta que la alegría fue alejándose, a coletazos, como el mar; y sólo devolvían las olas náusea, gran vacío, hasta la indiferente arena.

—Si no vuelves, me suicidaré —dijo.

Pero Ferbe ni la miraba siquiera. Acaso estaba componiendo. Eso es, estaba componiendo, otra vez, sus espantosas y ridículas canciones.

—Ven, que me voy a matar si no vienes —insistía ella, y su voz era un lamentable lloriqueo de anciana. Le llenó los bolsillos con todo el dinero que llevaba, divisas también, le dio el brazalete, los pendientes aún pringosos de salsa romesco, en fin, todo lo que creyó podría tener algún valor para él. Rugía, como un viejo león:

—No es un suicidio, es un crimen, un crimen lo que se va a cometer...

El vino tinto mezclado al whisky ascendía a la superficie. "Una mala mezcla", se dijo. Fue al acantilado y se arrojó al vacío. Aún tuvo tiempo de acordarse de aquel gordo sapo que una vez (tenía siete años), aplastó bajo una piedra.

Día y medio más tarde, gentes autorizadas irrumpieron en la pensión donde habitaba Ferbe el Rey de la Canción. Buscaron su habitación-chambre-zimmer-room, lo esposaron y se lo llevaron, tras incautarse del dinero, divisas, brazaletes, pendientes ensalsados, y alguno que otro efectillo de la hermosa, madura y destrozada señora.

Tiempo después, lo condenaron a muerte. El dueño del "Cangrejo de Oro" dijo:

—Yo ya le dije a aquella pobre mujer, le dije: no haga eso, se busca disgustos, hay mucho maleante por ahí, la juventud está completamente podrida. Pero la gente es como es, qué le vamos a hacer, lo que ve uno detrás de esta barra, no tiene usted idea, yo ya no creo en nada.

El día señalado, el verdugo pensó que era extraño, que el reo, un oscuro Rey de la Canción Moderna, parecía haber muerto mucho antes. Una hora después de la ejecución, se declaró un incendio, y todo el ala del edificio ardió de modo cruento, insospechado y casi hermoso.

En aquel momento unos muchachos discutían en la taberna de Kim's (antes Quim). Uno, de cara flaca y nerviosa, juraba que había descubierto, al fondo de Cala Margarita, un enorme banco de esponjas, de la mejor calidad. Los demás decían que no, que allí nunca se habían dado las esponjas, que era mentira. Y además, uno de ellos le advirtió:

—Ya no tiene interés, las de plástico les hacen competencia, ya no vale la pena.

Pero el joven decía que por eso, precisamente, eran más valiosas.

El mundo, azul, malva, verde, se bamboleaba, salpicado de raras estrellas, y un inexplicable rumor venía hacia el joven buceador, parecía clavársele oídos adentro; casi creyó que iba a enloquecerle. Las esponjas formaban un mundo extraño, vivo, bamboleante, y el muchacho recordó que su abuelo, cuando era niño, le contaba historias de sirenas malvadas, que se valían del corazón de los jóvenes marinos, y les arrancaban la vida. Pero su buen sentido salió a flote. Él no creía en patrañas de viejos.

La operación salió bien. Logró las esponjas, de excelente calidad.

Cuando al fin cobró una importante cantidad, se dirigió, silbando, hacia la ciudad. Era un día terso, y él caminaba a lo largo de la playa. Ni una sola nube navegaba sobre el mar.

De improviso algo descendió, fue a posarse en su corazón, como un pájaro cuyo nombre ignoraba. Se detuvo, miró al mar, a las rocas de la costa y hacia la bahía, donde aparecía la masa amarilla y gris de la ciudad. Un gran silencio le cercaba, estaba de pronto apresado en una indescifrable campana de silencio. Bajó los ojos, contempló la sombra de su cuerpo, alargada, sobre la arena. Y se dijo, con clara certidumbre:

—Algo ha desaparecido de la tierra.

> ¿Por qué te has ensañado?
> ¿y por qué ha decaído tu semblante?
>
> EL GÉNESIS

VI

NOTICIA DEL JOVEN K.

1

L E he dicho varias veces: mira, no te pongas en mi camino, mejor será, no te me pongas delante, ya sabes cómo soy y mis cosas, no te me enredes entre los pies, no me colmes la paciencia. Y él, sonriendo, abusando de que es un tarado, aunque yo ya le vengo avisando: mira que a mí tanto se me da que seas así o de otra forma, que tengas esta falta o la otra, tú no te me pongas por delante porque contigo no voy a hacer distingos, vas a ser como todos. Así que, date cuenta cómo me tratan aquí todos. Conque, lo dicho, no te me pongas en el camino.

Al principio sí, me hizo caso, parecía. Ni se notaba que íbamos a la misma clase, al mismo curso, bien que se cuidaba de apartarse. Hasta el día que empezó a esperarme al lado del abedul, y yo le dije: so alelao, ¿qué estás ahí esperando?, y él: porque llevamos el mismo camino, y si quieres te llevo los libros. Le dije: aparta, aparta, vamos a tener la fiesta en paz.

Pues nada, como si nada. Ayer mismo, ya va la segunda vez que me esperaba, y le digo: mira, que me estás colmando la paciencia, a mí no te me arrimes, ni la vista me tienes que poner encima ¿me oyes? ni la vista. Conque arrea andando y calladito, y ni mirarme. Y él va y me dice: es que quiero ser amigo tuyo. Pues sí, le contesto, vas a ver la cara que te pongo, arrea para alante, desgraciao. Y se fue.

Pero ahora, otra vez lo estoy viendo, otra vez está ahí en el abedul; lo veo desde la ventana, me retraso a posta, recogiendo mis papelotes, voy a darle tiempo a que se largue. Y como cuando yo salga esté ahí, lo voy a dejar nuevo.

2

—Ya se lo dije que no me esperase, así que le ha pasado lo que le tenía que pasar.

—Pero so bestia ¿qué te ha hecho el pobrecillo?

—Que le dije que ni me mirara, como a todos,

140

que ya todos lo saben que yo he de estar solo, no quiero hablar con ninguno; porque a mí este curso no me corresponde, que no soy de su edad, y si he tenido que repetirlo dos años, yo bien que se lo dije a usted antes: si he de repetir curso, ni amigos quiero. Y usted no me hizo caso ¿verdad? Pues bueno, ¿acaso no se lo dije? Bien que se lo advertí: don Ángel, le dije, no me ponga usted en ese brete.

—Si hablaras con más seso, no te pasaría lo que te pasa, bruto, más que bruto. Si has repetido es por mal estudiante que eres, y si tus compañeros no te corresponden en edad, esfuérzate en ganar puestos a pulso, como todos. Y no me desvíes la conversación y dime, ¿qué te ha hecho el pobre?, ¿acaso te molesta porque es el más joven, el más inteligente, el más bueno...? Pues por lo menos piensa en que te quiere ayudar.

—A mí no me ayuda ese tarado, que es un tarado, que no es más listo que yo, ni que nadie, que lo que ocurre es que su padre es quien es, y usted lo sabe...

—¡Si no callas esa bocaza te expulso! ¿me oyes? ¡Te expulso! Y ya sabes lo que dice tu abuelo, que si te expulso te mata o te envía a arar al campo. Se acabaron las contemplaciones. Dí que tengo esta debilidad por ti, en recuerdo a tu pobre madre... pero no me obligues a hacer lo que no quiero. ¿Sabes lo que dicen los otros? Dicen que te tengo más consideraciones, que si porque eres nieto de Don Jeo, que si esto o lo otro...

—¿Y qué? ¿Don Jeo es bueno para mí, acaso? Me tiene asco, porque mi madre me trajo soltera al mundo... ¿me ha visto como tengo la espalda, llena de vergajazos? Eso hace don Jeo conmigo. Y es verdad, ya lo sé que me enviará al campo, a arar, si usted me expulsa... Oiga, don Ángel, usted es mi único amigo, ya lo sabe, pero si me hace repetir el curso, le daré un disgusto gordo.

—¿Te atreves a amenazar a tu maestro, al único que te quiere bien...? Ingrato, no sé de qué ralea serás tú...

—De la ralea de mi madre... ya sabe usted lo que fue mi madre.

—¡Calla, desgraciado, calla!

3

Ha vuelto el cretino, y le he puesto un ojo que cualquier cosa parece menos un ojo. ¿Qué le habrá dicho su mamá? ¿le habrá arropado su mamá? ¿Y su papaíto? Hoy voy a hacerles reventar de risa a todos, hoy la voy a armar en clase, y como el cretino se atreva a esperarme otra vez (ojalá se atreva) cómo le voy a poner el que le queda sano. Ojalá se atreva.

4

No puedo estudiar, no puedo, me pongo delante del libro, pero las letras saltan, escapan, estoy como ciego, me acuerdo de la escopeta grande del abuelo, de las ardillas, que andarán por ahí, tan pimpantes, y aquí yo, y el viejo Timoteo dice que tiene munición para todo el invierno, le voy a pedir a cambio de tabaco, él siempre anda escaso, no puedo estudiar ¿qué me importan a mí estas cosas...? No soy idiota, cuando don Ángel lo explica lo entiendo, sólo que después, a solas, así, con el libro delante, ya sólo puedo pensar en lo mío, lo mío. Estoy en el último banco, veo las nucas de todos, son unos niños, pero yo no soy un niño, yo soy un hombre. Y si no soy un hombre, mejor, soy otra cosa distinta a todo el mundo, a mí nadie se me ponga delante, le hundo el cráneo, tengo los puños más grandes de toda la Escuela, sexto inclusive; esos de sexto y quinto me miran como con burla, creen que soy un atrasado, y no lo soy. Pero bien se cuidan de apartarse de mi camino, pocas bromas conmigo, pocas. Y el chalao ese gili, que se guarde de mí, el hijo de papá, sólo porque su padre es esto y lo otro, adelantando puestos, que ni este curso le corresponde, tendría que estar con los de segundo, maldito sea. Pero ganas le han quedado de esperarme otro día, ganas, lo que es eso...

5

—Mira que se acercan los exámenes, y que si esta vez no pasas te expulso, tal como lo oyes. Este año ya ni te queda el recurso de repetir. Te expulso, aunque tu abuelo te mande a arar.

6

—Señor, don Ángel, ¿qué le ha pasado al Mulo? ¿No viene este año a la Escuela?

—¡Que no oiga esa palabra! No se llama Mulo, tiene un nombre de Dios, como todos nosotros... No, no vendrá este curso.

—¿Ya no va a estudiar más...?

—No, su abuelo tiene tierras, se va a dedicar a la agricultura. No se hable más de él. Me apena mucho, no se hable más de él.

7

—Yo no sirvo para el campo, don Ángel, ¿sabe usted? No sirvo.

—¿Y yo qué te voy a decir? ¿Qué quieres que te haga, hijo mío? No sé para qué me esperas a la salida, hijo, menudo susto me has dado, ahora que oscurece tan pronto, de verdad, me has asustado.

—Yo no sirvo para el campo, don Ángel, dígaselo al abuelo, que no me pegue más con el vergajo, mire cómo me ha puesto.

—Criatura, criatura... ¿qué se puede hacer contigo?

8

Yo no sirvo para esto, se me da una higa la cosecha, la siembra, todo este ajetreo. Lo que a mí me llama es el bosque, la caza, el andar solo, bien solo, sin que nadie me eche la vista encima, por ahí.

9

Ayer le vi, al gili ese, venía de la Escuela, este curso ya terminan los de mi promoción. A ése su papaíto le va a mandar a la ciudad, va a ir a la Universidad, dicen por ahí. Pero no ha crecido ese tarado, ya no lleva gafas, si será presumido. Qué cosas.

10

—¿Pero es que de verdad estás mal de la cabeza, hijo mío? ¿Por qué le diste esa paliza tan horrorosa, al pobre muchacho? Ahora, ya lo ves, ya no es cosa de echarte o no echarte de la Escuela, ese tiempo ya pasó, ahora te ves así: detenido, procesado... pero ¿tú estás mal de aquí? ¿qué te hizo el pobre?

—Que ya se lo tenía advertido, hace mucho tiempo, ya le dije: no te me pongas por delante. Pues bueno, no se le ocurre mejor cosa que meterse con su escopetita en mi camino.

—Pero no era terreno privado, ni te hacía daño...

—Todo el bosque es mío, todos lo saben, cuando yo ando por ahí, nadie se cruce conmigo. Bien claro lo tengo dicho, ni tan siquiera el viejo Timoteo se mete cuando yo estoy. Él lo sabía, pero tuvo que venir.

—Si lo único que quería era hablar contigo.

—Pues peor.

—Y ahora... ¿qué puedo yo hacer en tu favor? ¿Qué, pobre de mí? Ni tu abuelo quiere saber de ti, ni oír tu nombre.

—Así es, ya hace tiempo que no quiere ni verme, así es mejor.

—¿Y ese pobre muchacho... hablasteis, por lo

menos? Él iba a buscarte con muy buena intención ...precisamente, fue a consultarme antes, me dijo: don Ángel, usted que es el único que tiene ascendencia sobre él, dígale que voy a hablarle, que he de decirle algo...

—¡Pero si ya lo sabía yo hace mucho tiempo, lo que me quería ése decir! Pues, para chasco, si ya lo sé yo, que para eso me esperaba en el abedul...

—Pues si ya lo sabes, que tenéis un mismo padre, que sois hermanos, ¿por qué ese encono? Él sólo iba a decirte que todo lo suyo es tuyo, que algún día querrá partirlo todo contigo, porque su corazón y su conciencia se lo mandan... que te quiere como hermano que eres... ¿eso es malo, acaso?

—Eso es peor. Peor. Ya recibió lo suyo, y usted, váyase, déjeme, no se ocupe de mí. No me va a pasar nada malo, total, juicio de faltas, ¿no le llaman así? Multa, cárcel o lo que sea, bueno, ¿y el gustazo de haberle puesto como un Cristo?

11

¿Qué hay en el aire? Siento un olor extraño, algo venteo que me duele, hay un dolor grande, alguna campana está tañendo en algún lado, aunque no llegue hasta aquí. No sé qué ocurre, los

árboles están oscuros, parece que hayan huido
todos los pájaros, siento que la niebla va a levan-
tarse, a crecer, desde lo hondo del río. No sé qué
pasa con mi libertad, soy libre, ya no me liga
nada al abuelo, ya me soltaron de la cárcel, no
tengo ninguna obligación, he dormido casi dos
días, con mi escopeta al lado; y tengo munición,
y ha llegado el otoño, que es la mejor época. No
sé qué ocurre, algo trepa, como humo. Ya lo veo:
allá abajo, aún es sólo un punto en el sendero,
luego crecerá, es un hombre. Le reconozco, sube
despacio, es viejo, es mi viejo maestro, aún tengo
tiempo de esconderme, porque ya nadie me oirá
hablar, bien lo proclamé, pero ¿por qué salgo de
los árboles, a su encuentro?

12

—Es que no lo entiendo, repítamelo, no lo
entiendo, ¿de qué se ha muerto?
—Ya lo sabes de sobra, desgraciado...
—No fui yo. Ya me juzgaron, ya me solta-
ron... ¿no se repuso, acaso? Sí que se repuso,
usted mismo lo dijo: que ya se había repuesto.
Y yo cumplí la sentencia. ¡Pues ahora, déjenme
en paz, déjenme todos en paz!
—Pero como se ha muerto...
—Que no, que estaba vivo, que todos lo de-
cían, que estaba vivo.

—Ande, ve, huye, escóndete... que sé yo, ni sé por qué aún me apenas... no sé qué decirte, pero yo conozco a los hombres, sé lo que ha jurado su padre: que te matará. Va a remover el mundo, con tal de castigarte, porque, dice que has sido tú, sólo tú, el criminal. Así que, mira, te he traído algo de comida, este poco dinero... Anda, huye, escapa, hijo mío. No sé ni por qué hago esto...

—¿Pero de qué se murió, de qué?

13

Ahora se marcha, pronto volverá a ser un puntito, lejos, lejos, la hierba se ha vuelto gris, el cielo corre detrás de las ramas, voy a esconderme. Pero yo no hice nada malo. ¿Por qué me abandona don Ángel, por qué se va, por qué va a volverse un punto, un punto sólo otra vez, hasta desaparecer...? Voy corriendo, aún le alcanzo, si quiero le alcanzo.

14

—¿Pero qué haces, por qué vuelves, por qué no te escapas... o te escondes...? ¿No te he dicho que te vayas, a tiempo?

—No. No me deje, tengo miedo, ya no puedo huir, dése cuenta: estoy solo.

Y *aunque cierre los ojos y me cubra el corazón*
veo caer un agua sorda. [*enteramente,*

PABLO NERUDA.

VII

UNA ESTRELLA EN LA PIEL

El mayor, o rey, era el rojo con algunas manchas más claras en la grupa, y los otros, de variado color. Unos, acaso la mayoría, negros, y otros, bayos y castaños. Pero había uno blanco, con una estrella negra.

Yo tenía un lunar negro, encima de la ceja izquierda. Nadie me decía nada sobre este lunar, y además casi siempre lo tapaba alguna greña. A veces lo miraba yo misma, en el espejo. Esa era la razón —aunque tardé en comprenderlo— de que me interesase tanto el caballo blanco de Ruiz González. Generalmente, por aquellos días, yo robaba bastantes cosas a mi padre, y a quien pudiera, pero un caballo es difícil de robar. Sólo los gitanos saben, según oí. Por entonces yo aún tenía doce años, pero comprendía que esas cosas no salen bien, que un caballo no se puede esconder con facilidad, ni siquiera arriba, en las habitaciones donde antes dormían los criados y ahora guardaban leña y arreos de carruajes, de cuando el abuelo vivía (y en la casa tenían criados). Mi padre y mi madre ya no usaban ninguna de esas cosas. Mi padre era pintor y no ganaba dinero, y el dinero de mi madre estaba muy rebajado (eso decían). Como a ninguno de los dos les gustaba trabajar, porque pintar no era trabajar, no era raro lo que pasaba, todo el mundo lo decía. Yo me daba cuenta de que a mi padre le gustaba pintar, y en cambio, el trabajo es una cosa que si se pudiera dejar de hacer, se dejaría. Muchas veces se lo oí decir al chófer de tía Encarna, decía que si le retiraba una señora caprichosa, no trabajaba más. Aunque yo sólo tenía doce años entendía lo que quería decir, y sabía que se refería a la misma tía Encarna (todo el mundo sabía lo que ella y él eran), pero mientras no se muriese tío Emilio, no había nada que hacer. Además de eso, tampoco a mí me gustaba trabajar, como por ejemplo levantarme a las ocho para ir a la escuela, que estaba lejos de casa, en mi cuarto donde no había estufa, y la chimenea no la encendían. En la escuela sí, había estufa, pero se la acercaba la maestra para ella, y sólo se arrimaban las niñas que le traían leña o carbón. No yo, que no traía nada. Y, además, me tenía bola.

Por esas cosas, y otras, si hubiera podido no ir a la escuela, no hubiera ido, y en cuanto se me hacía fácil (que era muchas veces), hacía novillos.

Volviendo al caballo, si lo quería para mí, hubiera tenido que escaparme con él, y ya no era tan niña, ni tan tonta, para no comprender que no habría llegado lejos.

A mi madre tampoco le gustaba trabajar, ni dentro de casa, ni fuera. Adela, la mujer del guarda de Ruiz González, decía que eso le pasaba porque era una señorita. Mi madre se levantaba muy tarde. Lo más bueno de mi madre era que no mentía nunca. No como tía Encarna, por ejemplo, que también se levantaba tarde, y decía: "no he pegado un ojo"; y decía también que estaba enferma. Pero se levantaba tarde porque le daba la gana, porque se acostaba muy tarde, y no tenía ninguna enfermedad. Mi madre decía, en cambio: "me levanto a esa hora, además de porque me sale de las narices, para no abrir la puerta a los acreedores". Siempre venía gente a cobrar facturas, porque mis padres debían montones de dinero a todo el mundo.

Lo mejor de mi padre eran las pinturas (no las de los lienzos, sino las que estaban dentro de los tubos y los tarros). Sobre todo las pinturas al óleo, por cómo olían, y el aguarrás. Pintaba en la misma habitación donde solía dormir, y que era donde antiguamente estaba el comedor. Era una habitación grande, con una enorme chimenea y mucha luz que entraba por la puerta-cristalera de la parte trasera del jardín. Mi padre le había colgado varias cortinas, unas más altas, otras más bajas, para poder graduar la luz (el sol no, que allí no daba). Parecía un barco raro y mal hecho, pero muy misterioso, y cerrando a mitad los ojos la luz podía tomarse por el mar, por lo verde. Todas las paredes, el suelo y los muebles estaban cubiertos de brochazos de colores, y a veces yo pisaba alguna pintura fresca y me iba dejando las pisadas por el suelo, y era muy bonito. A mi padre y a mi madre no les molestaba, al contrario, una vez dijo mi madre que hacía bien, y se estuvo un rato mirando el camino que yo dejé. Aquella habitación no la limpiaban casi nunca, y la verdad es que mi madre entraba allí muy pocas veces. En cambio, mi madre era muy limpia, pero para con ella misma, para su cuerpo, y su cabello, que era rojo (como el mío, pero más bonito, porque se lo lavaba todos los días, y yo no), parecía metal, de tanto como brillaba, hasta en lo oscuro. También su cuarto estaba limpio, y allí sí que daba el sol. Ella vivía arriba, donde el Oeste.

Adela, la mujer del guarda de Ruiz González, venía a veces a limpiar la casa y lavarnos la ropa. Le pagaban de cuando en cuando, y ella apuntaba las cuentas en la madera del quicio de la puerta, en la cocina. No sabía leer ni escribir, ni números, pero con sus rayitas no se equivocaba nunca. Las hacía con el cuchillo de la cocina, y nadie más que ella las entendía. Decía muchas veces: "les aguanto en recuerdo de lo que fueron sus padres, que si no, a buenas horas, por ellos no movería ni un dedo". De todos modos, a veces, Adela se enfadaba mucho, porque tardaban en pagarla, gritaba y decía que no volvería hasta que le diesen "el ajuste" (que quería decir el dinero). Mi madre lloraba, y Adela se ponía mohína. Pero se iba. Entonces mi padre buscaba dinero; y le daba un poco a Adela (la tercera o cuarta parte de lo que traía). Me acuerdo muy bien de cómo lo contaban, cuando papá volvía, y se ponían muy contentos. Me cogía y me levantaba en alto, dándome vueltas, aunque yo estaba muy crecida para mi edad, y decía cosas que no entendía, y me parecían divertidas. Porque entonces se animaban con unas copas.

Yo me reía mucho los días que teníamos dinero. Y aunque la maestra, Adela y su marido dijeran que yo era una pobre desgraciada, no recuerdo haber llorado entonces nunca. Ellos decían, "esta pobrecita, qué conciencia, llevarla así". No sabía cómo me llevaban, no entendían lo que eso quería decir, pero no era desgraciada. Fue mucho después, cuando lo fui.

Los días que se debían pagar a Adela todas sus rayitas, y a los de la tienda, y a toda la gente incómoda, mi padre, como dije, buscaba dinero. Pero no decía buscar, decía: "voy a *levantar* unos duros". Antes, cuando yo tenía cinco o seis

155

años, me figuraba que él lo levantaba por el aire, con un tenedor de palo, como había visto que hacían los del campo con el trigo, una vez que Adela me llevó a la era de su hermano. Pero luego ya entendí que era una manera de buscar dinero, distinta a la de los demás.

A mí me mandaban a pagar las cuentas, y ese día no iba a la escuela, lo que me gustaba mucho. Pero me parecía raro que, cuando les llevaba el dinero a la gente, en lugar de ponerse contentos, suspiraban y miraban para arriba. El único que no decía nada era el de la tienda de la plaza, al contrario, a veces hasta se reía, me daba una palmada en la cara o un caramelo (aunque lo tiraba porque no me gustaban los dulces).

Cuando le llevaba el dinero a Adela, tenía que hacerlo con mucho disimulo, porque su marido no debía enterarse de que mis padres le debían tantas rayitas, porque si su marido sabía eso, no la hubiera dejado volver. El marido de Adela era un hombre muy alto, con una sola ceja (la otra se le quemó, y no le había vuelto a crecer), que le daba una mirada rara. La gente del pueblo le tenía miedo, casi como a los jurados o a los civiles, y eso que era sólo guarda. Pero es que era un hombre forastero, que se casó con Adela porque llegó al pueblo de buhonero, y le gustaba mucho estar solo. A mí no me daba miedo, ni me parecía forastero. Casi no hablaba, pero siempre que me veía me decía una cosa rara de un pájaro que él conocía y no sabía cómo se llamaba, y que tenía ganas de matar. Era muy buen cazador, pero yo sabía que eso del pájaro era mentira, y que él me lo decía a mí para tener algo como un secreto, o un hilito entre los dos, que nadie veía. De eso, una vez, me dijo algo. Me dijo: "hay algunas cosas que no se ven, pero que están. Con los años, los hombres las descubrirán, los sabios y toda esa gente que estudia, un día las meterán en un frasco, o en una bombilla, como la luz eléctrica, que antes tampoco la veían y existía". Me decía eso sólo a mí, cuando yo iba a buscar a Adela y ella estaba en el lavadero, o en la tienda, y hablábamos apoyados en la puerta, y hacía dibujos en el suelo con el borde de la suela. Él leía un Diccionario.

Adela me hacía poner el dinero en el hueco de un ladrillo que se desprendía, en la esquina de la casa. Vivían en una casita dentro de la misma finca de Ruiz González, y tenían una estufa de metal que se ponía casi al rojo, en el invierno. Nunca les faltaba leña. Siempre que iba, Adela me decía:

—¿Tienes hambre? —y no esperaba que le contestara, me daba pan con algo. Por entonces yo iba casi siempre un poco hambrienta, pero no como para hacerme sufrir. Mis padres comían poco, y cosas que no me gustaban, sobre todo cosas de lata, que tenían almacenadas en una esquina de la habitación de las pinturas (compraban muchas latas cuando papá levantaba duros) y sabían (o me lo parecía) a pintura.

En aquellos tiempos venía tía Encarna a casa. Tenía un coche muy grande, y papá comentaba que era muy viejo y que el tacaño de su marido ya podía comprar otro. Pero el chófer, Alberto, decía que el motor era muy bueno, y siempre lo tenía muy reluciente, y a mí me gustaba.

Yo era muy amiga de Alberto. Me parece que era el único amigo que tenía. Cuando levantaba la tapa del motor me explicaba cómo funcionaban todas aquellas tripas del coche. El olor de gasolina me gustaba tanto como el de la pintura y el aguarrás, y si a veces lo olía, me venía Alberto a la memoria.

Alberto era rubio, con ojos azules, y tenía la piel cubierta de manchitas muy pequeñas, unas tirando a rosa, otras marroncitas. La cara y las manos eran así. Un día lo vi lavándose en la pila de la cocina, y también tenía la espalda, y los brazos con manchitas. Tenía un lunar grande, casi como una cereza, debajo del cogote, casi en la espalda, como de terciopelo. Me acordé casi al tiempo de mi lunar y de la estrella negra del caballo de Ruiz González, y comprendí por qué éramos amigos, y que alguna vez, los sabios, encerrarían estas cosas en frasquitos.

Me fui sin que él notara lo que había visto, pero más tarde, cuando estaba repasando el motor, le dije:

—Tú y yo tenemos un lunar —y levanté el pelo de la frente, y le enseñé el mío. Él dijo:

—Qué tonterías dices, hija.

Se limpiaba las manos con un trapo lleno de manchas negras, y de pronto sentí una especie de miedo, extraño. Entonces pensé en lo que decían de él y de tía Encarna, y de lo que decía entre dientes Adela: "qué es lo que le verá la señorita Encarna a esta panocha, cara estropajo".

Cuando venía a casa tía Encarna parecía día de fiesta. Tío Emilio no nos quería, decía que éramos una pandilla sin moral. Tía Encarna, cuando venía, daba dinero a mi madre, y le regalaba vestidos del año pasado (pero que en el pueblo no se notaba) y también perfume, y cosas así. Cuando venía, pasaba un tiempo, unos días, y luego se iba otra vez a su casa. Adela se ponía de mal humor, y decía dando golpes con la plancha en la ropa: "nadie tiene vergüenza en esta casa".

Desde el día del lunar, yo ligaba mucho a Alberto con el caballo blanco de Ruiz González. Mis padres tenían un gramófono antiguo, de los de cuerda, de cuando mamá y tía Encarna eran pequeñas. Yo lo tenía en mi cuarto, con todos los discos que encontré, y como no me oía nadie, me disfrazaba y bailaba. Me ponía cosas de mamá, o

159

me vestía de soldado, o de gallo, o de señora antigua con bultos por detrás. Pero había un disco que se llamaba Rachmaninoff, y como con ese no se podía bailar, me escondía debajo de la cama y galopaba en el caballo blanco, y Alberto corría delante de mí y me parecía que íbamos a alguna parte misteriosa, adonde queríamos llegar, aunque diese miedo.

Fue por aquella Navidad, cuando cumplí los doce años. Es decir, una semana antes. Mamá recibió una nota de tía Encarna, diciendo que vendría a pasar con nosotros las fiestas. Yo andaba muy aliviada sin escuela. Oía todo lo que decían, porque no tenía qué hacer, y supe que las carreteras estaban heladas.

El coche de Alberto (yo siempre pensaba *el coche de Alberto* y no *el coche de tía Encarna*) patinó, y se estrellaron. Los encontró el marido de Adela, el guarda, y los trajeron muy mal heridos. Pero yo vi desde lo alto de la escalera como lo traía a Alberto, él mismo, y parecía como si arrastrase un saco: y estaba boca abajo, y lo ponía todo perdido de sangre. Luego trajeron a tía Encarna, con más cuidado. Después vino el médico. Mis padres estaban desesperados.

A las tres de la mañana, Alberto, mi amigo, se murió. Había dejado gotas de sangre en el primer peldaño de la escalera, estuve mirándolas, hasta que Adela las fregó. Las gotas eran redondas con piquitos en el borde, como rueditas dentadas de motor, y hasta que se empezaron a oscurecer, de un color rojo muy vivo. Luego vi pasar el coche, arrastrado por la grúa, y el motor estaba aplastado, y pensé que así estaría Alberto, también, por dentro.

Tía Encarna no se murió, en cambio. Para la primavera, se pudo levantar, y vino a verla tío Emilio. Yo no le había visto nunca y me extrañó cómo les daba tanto miedo, si parecía un niño vestido de hombre, con su carita encogida. Llevaba chaleco.

No se podía trasladar a tía Encarna a ninguna parte, y él se estuvo un día, le dio mucho dinero a papá y se fue, porque tenía mucho trabajo, y era muy formal, no como nosotros.

Por Pascua, tía Encarna ya pudo salir, con muletas. Era un tiempo bueno, tío Emilio mandaba dinero, y Adela venía todos los días, y también la hija más pequeña de Roque, el de la calle del Custodio, a ayudarla. Había de todo. El dinero llegaba por giro postal, aunque Adela decía que era mentira que el dinero pudiera llegar así y que en algún ladrillo lo escondían. Papá no iba a levantar duros, para qué.

Sin pintarse, tía Encarna estaba rara, como descascarillada. Le preocupaban mucho sus piernas, pero bendecía a Dios de que la cara le hubiera quedado igual, y eso me extrañaba, ya que, a

161

mi juicio, la tenía muy distinta. Mamá, en cambio, estaba preciosa. Tenía dos vestidos nuevos, y se bañaba con espuma rosa, me dejaba meter las manos, pero yo sólo metía un dedo, me daba vergüenza y un poco ganas de llorar (pero no muchas).

Entonces empecé a pensar en ponerme guapa y en vestirme tan bonita como ella. Un día estaba ella vistiéndose, y hacía un sol muy bueno en la pared, y en su espejo me vi, con el pelo retorcido y suciamente rojo, y mis ojos tan redondos, y sufrí. Me acordé de Alberto, mi amigo, de sus cejas doradas y de nuestro lunar.

Oí decir que no sabían cómo enterar a tía Encarna de la muerte de Alberto. No lo sabía aún. Pero al fin, papá, que entendía mucho de esas cosas (Adela decía que si le dejaban hablar no le ahorcaban), se lo dijo. Se armó una muy gorda.

Yo iba otra vez a la escuela, y un día, al volver, Adela me dijo: "no hagas ruido, hermosa, que estamos muy asustaos; si no se va a morir ella ahora..." Adela me dio de comer en la cocina, y ella estaba con los ojos acuosos. Pensé que la gente era bastante rara, porque antes odiaba a tía Encarna, y ahora lloraba. En cambio, Alberto era mi amigo, y yo no había llorado cuando se aplastó. Ni una lágrima. Y eso que me acordaba de él, casi cada día.

No se lo había dicho a nadie, pero anduve por

el cementerio el día que lo enterraron. Vi cómo metían la caja en el suelo, como le echaban tierra, en fin, todo. Volví allí a veces, y como la hierba de los alrededores era muy buena, el caballo de Ruiz González, el de la estrella, mordisqueaba por allí, y a mí no me extrañaba verlo, era lo natural.

Un día, cuando ya era verano y el campo se ponía feo, mamá y tía Encarna (que ahora todos la querían) fueron al cementerio con muchas flores. Yo las acompañé porque quería ver la cara que ponía tía Encarna.

Primero creí que se desmayaría, pero no. Estuvo muy quieta, mirando, y casi parecía que pensaba en otra cosa. Luego, arrodilladas las dos, le pusieron todas las flores, como si sembraran un huerto, y acabaron charlando de cosas. Entonces me dio un golpe el corazón y vi la cabeza del caballo blanco asomada tras los barrotes, y su estrella estaba como flotando en el aire.

Tía Encarna mandó que pusieran una cruz y una losa con letras de oro en la tumba de Alberto. Me acordé de lo que decía él, que dejaría de trabajar cuando una señora caprichosa lo retirara. Vaya retiro.

Llegaron unos días de lluvias y vientos, y yo un día me mojé y pillé algo malo, se me complicó y estuve enferma muchos días. Cuando me levanté tenía las piernas más largas, y me hicieron un vestido. Era el primer vestido que me hacían, porque hasta entonces llevaba tejanos y jerseyes o blusas, o algún arreglo que me hacía Adela con cosas viejas de mamá, menudas birrias.

Tía Encarna vivía ahora con nosotros. Los sábados iban al cementerio, pero yo no las acompañaba, porque se lo tomaban como un paseo, o como el rezo del rosario para Adela, o como la forma de esperar el auto de línea las chicas, con el jersey nuevo. Empecé a lavarme la cabeza a menudo, como mamá, y deseé tener tantos vestidos como ella, y me daba vergüenza pensar que podrían enviarme a pagar facturas, como antes. Pero ya no teníamos acreedores, porque tía Encarna corría con todos los gastos, y papá estaba preparando una exposición que ella patrocinaba. También Adela estaba respetuosa. Sólo papá y mamá se peleaban alguna vez, porque papá decía que mamá se estaba todo el tiempo con su hermana. Papá bebía más que antes. Pintaba mucho, en cambio. A mí me parece que muy mal. Ninguno de sus cuadros me gustaba, ni los de antes ni los de luego.

Me pasó como a tía Encarna con Alberto: fue mucho después de que ocurriera, que me enteré que el caballo blanco de Ruiz González se despeñó, y que el marido de Adela, el guarda, lo tuvo que matar. Cuando lo supe, fui a esconderme debajo de la cama, como con Rachmaninoff (y me di cuenta de que hacía tiempo que ya no lo hacía), temblando. Noté mi sudor, y miedo.

Luego me fui de casa, hacia el cementerio de los caballos, un lugar lejano, sucio y triste, donde blanqueaban algunos costillares al sol, y me desesperaban los randrajos y los pájaros negros. Después de allí, di un rodeo, y me fui por las tierras de los Ruiz González, hasta el bosque. Me senté al pie de un haya, mirando el musgo, los insectos, mis pies, pero sin poder apartar una idea.

Estaba llena de ira, cuando vi al guarda. Me pareció más alto que nunca, y es raro, porque yo había crecido. Lo primero que le vi fue la sombra, en el suelo, porque el sol le daba por detrás. Decía algo, y yo no le oía. Hablaba poco, sólo conmigo, y estaba aquel hilo ya muy corto entre los dos, atados.

Cerca de allí tenía un chozo disimulado, para cazar zuritas. También le servía para sorprender a los carboneros o a los leñadores furtivos, y a los cazadores sin licencia. A pesar del hilo estábamos aún apartados, pero aunque no lo estuviéramos, él sabía que yo no podía gritar, ni huir, que sólo cerraría los ojos, porque ahora me tocaba a mí.

De todos modos, sólo a rastras se me llevó.

INDICE

I. Algunos muchachos 9

II. Muy contento. 65

III. Cuaderno para cuentas 76

IV. No tocar. 102

V. El rey de los zennos 116

VI. Noticia del joven K. 139

VII. Una estrella en la piel 151

Colección Destinolibro

1. F. García Pavón. **Las Hermanas Coloradas**
2. T. Lobsang Rampa. **El tercer ojo**
3. F. García Pavón. **El rapto de las Sabinas**
4. Camilo José Cela. **La familia de Pascual Duarte**
5. Ramón J. Sender. **El rey y la reina**
6. F. García Pavón. **Nuevas historias de Plinio**
7. Ana María Matute. **Primera memoria**
8. Miguel Delibes. **Las ratas**
9. Baltasar Porcel. **China: una revolución en pie**
10. José Luis Cano. **García Lorca**
11. Carmen Laforet. **La llamada**
12. C. W. Ceram. **Dioses, tumbas y sabios**
13. T. Lobsang Rampa. **El médico de Lhasa**
14. Gonzalo Torrente Ballester. **Don Juan**
15. Ramón J. Sender. **Réquiem por un campesino español**
16. Rafael Sánchez Ferlosio. **El Jarama**
17. Mijaíl Bulgákov. **La guardia blanca**
18. Carmen Martín Gaite. **Entre visillos**
19. Saul Bellow. **Herzog**
20. Arthur Koestler. **El cero y el infinito**
21. Ramón J. Sender. **Carolus Rex**
22. Emily Brontë. **Cumbres borrascosas**
23. George Orwell. **Rebelión en la granja**
24. F. García Pavón. **Cuentos republicanos**
25. T. Lobsang Rampa. **Historia de Rampa**
26. Gilbert Cesbron. **¡Soltad a Barrabás!**
27. Camilo José Cela. **El gallego y su cuadrilla**
28. Victoria Holt. **La señora de Mellyn**
29. C. W. Ceram. **El misterio de los hititas**
30. Francisco Umbral. **Memorias de un niño de derechas**
31. Miguel Delibes. **Mi idolatrado hijo Sisí**
32. Ramón J. Sender. **El lugar de un hombre**
33. Jorge Marín. **La Venus de Trafalgar Square**
34. Álvaro Cunqueiro. **Las crónicas del sochantre**
35. Jesús Fernández Santos. **Los bravos**
36. Lothar-Günther Buchheim. **Picasso**
37. Dostoyevski. **El jugador**
38. Carmen Laforet. **La isla y los demonios**
39. Juan Goytisolo. **Juegos de manos**
40. Francisco Umbral. **Retrato de un joven malvado**
41. Armando López Salinas. **La mina**

42. Ana María Matute. **Los soldados lloran de noche**
43. George Orwell. **Mi guerra civil española**
44. Miguel Delibes. **Diario de un emigrante**
45. Camilo José Cela. **Pabellón de reposo**
46. Ferran Soldevila. **Síntesis de historia de Cataluña**
47. Rafael Sánchez Ferlosio. **Alfanhuí**
48. T. Lobsang Rampa. **La caverna de los antepasados**
49. Francisco Umbral. **Diario de un snob**
50. Ramón J. Sender. **El bandido adolescente**
51. Ana María Matute. **Los niños tontos**
52. Luis Gasulla. **Culminación de Montoya**
53. T. Lobsang Rampa. **La túnica azafrán**
54. George Orwell. **1984**
55. Francisco Umbral. **Las ninfas**
56. Miguel Delibes. **Diario de un cazador**
57. Carmen Laforet. **Nada**
58. Camilo José Cela. **Mrs. Caldwell habla con su hijo**
59. **Historia General de las Civilizaciones**
    Oriente y Grecia antigua. I
60. **Historia General de las Civilizaciones**
    Oriente y Grecia antigua. II
61. Bernard Malamud. **El sombrero de Rembrandt**
62. Carmen Martín Gaite. **Retahílas**
63. Juan Goytisolo. **Duelo en El Paraíso**
64. T. Lobsang Rampa. **La sabiduría de los antepasados**
65. Francisco Umbral. **Mortal y rosa**
66. Virginia Woolf. **Flush**
67. Miguel Delibes. **Un año de mi vida**
68. Ramón J. Sender. **Por qué se suicidan las ballenas**
69. Thomas Mann. **La muerte en Venecia**
70. Camilo José Cela. **Judíos, moros y cristianos**
71. Ramón J. Sender. **Imán**
72. Louis Paul Boon. **El camino de la capillita**
73. Miguel Delibes. **La sombra del ciprés es alargada**
74. Dolores Medio. **Nosotros, los Rivero**
75. **Historia General de las Civilizaciones**
    Roma y su Imperio. I
76. **Historia General de las Civilizaciones**
    Roma y su Imperio. II
77. T. Lobsang Rampa. **El ermitaño**
78. Germán Sánchez Espeso. **Narciso**
79. Saul Bellow. **Las memorias de Mosby y otros relatos**
80. Ramón J. Sender. **Las Tres Sorores**
    (Siete domingos rojos)

81. F. García Pavón. **El reinado de Witiza**
82. Iris Murdoch. **La máquina del amor sagrado y profano**
83. Carmen Martín Gaite. **Fragmentos de interior**
84. Italo Calvino. **Marcovaldo**
85. **Historia General de las Civilizaciones
    La Edad Media. I**
86. **Historia General de las Civilizaciones
    La Edad Media. II**
87. Theodor Pliever. **Moscú**
88. Jaroslav Hašek.
    Las aventuras del valeroso soldado Schwejk. 1
89. Jaroslav Hašek.
    Las aventuras del valeroso soldado Schwejk. 2
90. Bernardo V. Carande. **Suroeste**
91. José María Gironella. **Un hombre**
92. Ramón J. Sender. **Luz zodiacal en el parque**
    (Bajo el signo de Acuario)
93. F. García Pavón. **El último sábado**
94. Gonzalo Torrente Ballester. **La saga / fuga de J.B.**
95. Tomás y Teresa Pàmies. **Testamento en Praga**
96. Ramón J. Sender. **Saga de los suburbios**
    (Bajo el signo de Escorpión)
97. Ramón Gómez de la Serna. **Museo de Reproducciones**
98. **Historia General de las Civilizaciones
    Los siglos XVI y XVII. I**
99. **Historia General de las Civilizaciones
    Los siglos XVI y XVII. II**
100. Miguel Delibes. **El camino**
101. Ana María Matute. **La trampa**
102. Victoria Holt. **La mujer secreta**
103. Ramón J. Sender. **Una hoguera en la noche**
     (Bajo el signo de Aries)
104. J. Vicens Vives. **Noticia de Cataluña**
105. Dionisio Ridruejo. **Castilla la Vieja. 1. Santander**
106. Ana María Matute. **Fiesta al Noroeste**
107. Josep Pla. **Viaje en autobús**
108. Miguel Delibes. **Dos días de caza**
109. F. García Pavón. **Los liberales**
110. Gabriel G. Badell. **De Las Armas a Montemolín**
111. Ramón J. Sender. **La muñeca en la vitrina**
     (Bajo el signo de Virgo)
112. Francisco Umbral. **La noche que llegué al Café Gijón**
113. Camilo José Cela **Nuevo retablo de Don Cristobita**

114. **Historia General de las Civilizaciones**
El siglo XVIII. I

115. **Historia General de las Civilizaciones**
El siglo XVIII. II

116. Gilbert Cesbron. **Verás el cielo abierto**

117. Dionisio Ridruejo. **Castilla la Vieja. 2. Burgos**

118. Zoé Oldenbourg. **La piedra angular**

119. Luis Ricardo Alonso. **El Supremísimo**

120. J. A. Giménez-Arnau. **Línea Siegfried**

121. Ramón J. Sender. **Cronus y la señora con rabo**
(Bajo el signo de Cáncer)

122. Dionisio Ridruejo. **Castilla la Vieja. 3. Logroño**

123. J. L. Castillo-Puche. **El vengador**

124. Czeslaw Milosz. **El poder cambia de manos**

125. Ramón Gómez de la Serna. **El doctor Inverosímil**

126. Ramón J. Sender. **La efemérides**
(Bajo el signo de Libra)

127. George Orwell. **¡Venciste, Rosemary!**

128. Gonzalo Torrente Ballester. **Off-side**

129. T. Lobsang Rampa. **Tú, para siempre**

130. Dionisio Ridruejo. **Castilla la Vieja. 4. Soria**

131. Victoria Holt. **El rey del castillo**

132. Luis Romero. **La noria**

133. Ramón J. Sender. **El Oso Malayo**
(Bajo el signo de Leo)

134. John Gardner. **Grendel**

135. Carmen Martín Gaite. **El cuarto de atrás**

136. Elena Quiroga. **La sangre**

137. V. S. Naipaul. **En un Estado libre**

138. José María Carrascal. **Groovy**

139. Camilo José Cela. **Las compañías convenientes y otros**
fingimientos y cegueras

140. Juan Goytisolo. **Fiestas**

141. Ana María Matute. **Los Abel**

142. Raúl Guerra Garrido. **Lectura insólita de «El Capital»**

143. Álvaro Cunqueiro. **Un hombre que se parecía a Orestes**

144. Miguel Delibes. **Cinco horas con Mario**

145. Gonzalo Torrente Ballester. **Teatro I**

146. Gonzalo Torrente Ballester. **Teatro II**

147. Pedro Vergés. **Sólo cenizas hallarás. (Bolero)**

148. Ramón J. Sender. **Orestíada de los pingüinos**
(Bajo el signo de Piscis)

149. Ana María Matute. **Los hijos muertos**

150. Hubert Lampo. **El advenimiento de Joachim Stiller**
151. Miguel Delibes. **La hoja roja**
152. Ramón J. Sender. **Chandrío en la plaza de las Cortes**
153. Victoria Holt. **La confesión de la reina**
154. Historia General de las Civilizaciones
     El siglo XIX. I
155. Historia General de las Civilizaciones
     El siglo XIX. II
156. Ramón J. Sender. **Memorias bisiestas**
     (Bajo el signo de Sagitario)
157. Dionisio Ridruejo. **Castilla la Vieja. 5. Segovia**
158. Joseph Conrad. **Freya, la de Las Siete Islas**
159. Dionisio Ridruejo. **Castilla la Vieja. 6. Ávila**
160. George Orwell. **Subir a por aire**
161. Ana María Matute. **El tiempo**
162. Juan Benet. **Volverás a Región**
163. Carmen Martín Gaite. **Macanaz, otro paciente de la**
     Inquisición
164. Álvaro Cunqueiro. **Merlín y familia**
165. Ana María Matute. **Algunos muchachos**
166. Carolyn Richmond. **Un análisis de la novela «Las guerras**
     de nuestros antepasados» de Miguel Delibes
167. Historia General de las Civilizaciones
     La época contemporánea. I
168. Historia General de las Civilizaciones
     La época contemporánea. II
169. H. Böll. **El tren llegó puntual**
170. Ramón J. Sender. **Epílogo a Nancy**
171. H. Schraemli. **Historia de la gastronomía**
172. Juan Goytisolo. **El circo**
173. J. Fernández Santos. **Libro de las memorias de las cosas**
174. G. Orwell. **La marca**
175. G. Torrente Ballester. **Fragmentos de Apocalipsis**
176. Carmen Martín Gaite. **La búsqueda de interlocutor**
     y otras búsquedas
177. V. Holt. **Las arenas movedizas**
178. A. Grosso. **La zanja**
179. M. Delibes. **Aún es de día**
180. Ramón J. Sender. **El jinete y la yegua nocturna**
181. Martínez-Barbeito. **Galicia**
182. Pierre Honoré. **La leyenda de los dioses blancos**
183. J. L. Martín Descalzo. **La frontera de Dios**